定期テスト
超直前でも
平均+5点
ワーク

中2 英語

文英堂

はじめに

部活や行事で忙しい！

中学校生活は，部活動で帰宅時間が遅くなったり，土日に活動があったりと，まとまった勉強時間を確保するのが難しいことがあります。

テスト範囲が広い！

また，定期テストは「中間」「期末」など時期にあわせてまとめて行われるため範囲が広く，さらに，一度に5教科や9教科のテストがあるため，勉強する内容が多いのも特徴です。

だけど…

中2の学習が，中3の土台になる！

中2で習うことの積み上げや理解度が，中3，さらには高校での学習内容の土台となります。

高校入試にも影響する！

中3だけではなく，中1・中2の成績が内申点として高校入試に影響する都道府県も多いです。

忙しくてやることも多いし…，時間がない！

テスト直前になってしまったら何をすればいいの！？

テスト直前でも，重要ポイント＆超定番問題だけをのせたこの本なら，爆速で得点アップできる！

本書の特長と使い方

この本は，**とにかく時間がない中学生**のための，
定期テスト対策のワークです。

1. ☑**基本をチェック** でまずは基本をおさえよう!

テストに出やすい基本的で**重要な文法事項（じ こう）を穴埋め（あな う）**にしています。
空欄（く うらん）を埋めて，大事なポイントを確認しましょう。

2. 10点アップ! ➚ の超定番問題で得点アップ!

超定番の頻出（ひんしゅつ）問題を，**テストで問われやすい形式**でのせています。
わからない問題はヒントを読んで解いてみましょう。
英語の音声については，p.05を参照しましょう。

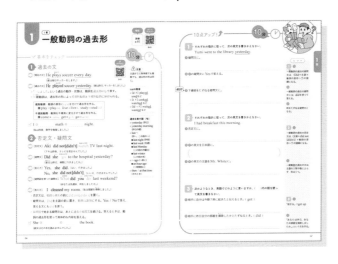

答え合わせ はスマホでさくっと!

その場で簡単に，赤字解答入り誌面が見られます。（くわしくはp.04へ）

ふろく 重要英文のまとめ

巻末に中2英語の重要英文をまとめました。
学年末テストなど，1年間のおさらいがさくっとできます。

"さくっとマルつけ" システムについて

● 本文のタイトル横のQRコードを，お手持ちのスマートフォンやタブレットで読み取ると，そのページの解答が印字された状態の誌面が画面上に表示されます。別冊の「解答と解説」を確認しなくても，その場ですばやくマルつけができます。

QRコードはここ！

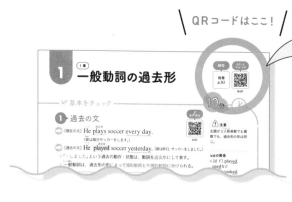

くわしい解説は，
別冊 解答と解説 を確認！

● まちがえた問題は， 解説 をしっかり読んで確認しておきましょう。

● ⚠ミス注意! も合わせて読んでおくと，テストでのミス防止につながります。

もくじ

英語音声について

各セクションに1つ音声再生のQRコードをのせています。スマートフォンやタブレットで誌面上のQRコードを読み取ると、🔊 の英文とその訳の音声を手軽に聞くことができます。

一般動詞の過去形

解答
別冊
p.02

さくっと
マルつけ

B-01

☑️ **基本をチェック**

10分

1 過去の文

🔊 [現在の文] He plays soccer every day.
　　　　　　主語　現在形
　　　（彼は毎日サッカーをします。）

2-01

🔊 [過去の文] He played soccer yesterday. (彼は昨日, サッカーをしました。)
　　　　　　主語　過去形

> 「～しました」という過去の動作・状態は, 動詞を過去形にして表す。

> 一般動詞は, 過去形の形によって規則動詞と不規則動詞に分けられる。

> > 規則動詞…動詞の原形に(e)dを付けて過去形を作る。
> > 例 play⇒played, live⇒lived, study⇒studied

> > 不規則動詞…動詞を不規則に変化させて過去形を作る。
> > 例 come⇒came, get⇒got, go⇒went

☑️ I ❶＿＿＿＿＿ math ❷＿＿＿＿＿ night.

（私は昨夜, 数学を勉強しました。）

2 否定文・疑問文

🔊 [否定文] Aki did not[didn't] watch TV last night.
　　　　　主語　　　　　　　動詞の原形
　　　（アキは昨夜, テレビを見ませんでした。）

🔊 [疑問文] Did she go to the hospital yesterday?
　　　　　　　主語　動詞の原形
　　　（彼女は昨日, 病院に行きましたか。）

🔊 [答え方] Yes, she did. (はい, 行きました。)
　　　　No, she did not[didn't]. (いいえ, 行きませんでした。)

🔊 [疑問詞を使った疑問文] What did you do last weekend?
　　　　　　　　　　　　疑問詞　　主語　動詞の原形
　　　（あなたは先週末, 何をしましたか。）

🔊 [答え方] I cleaned my room. (私は部屋を掃除しました。)

> 否定文は, 動詞の原形の前にdid not[didn't]を置く。

> 疑問文は, Didを主語の前に置き, 動詞は原形にする。Yes / Noで答え, 答える文にもdidを使う。

> 疑問詞で始まる疑問文は, あとに過去の疑問文を続ける。答えるときは, 動詞の過去形を使って具体的な内容を答える。

☑️ She ❸＿＿＿＿＿ ❹＿＿＿＿＿ the book.

（彼女はその本を読みませんでした。）

⚠️ **注意**
主語が3人称単数でも複数でも, 過去形の形は同じ。

(e)dの発音
■ [d ド] played, usedなど
■ [t ト] cooked, watchedなど
■ [id ィド] waited, wantedなど

過去を表す語（句）
● yesterday (昨日)
● yesterday morning (昨日の朝)
● last～ (昨～, この前の～)
　● last night (昨夜)
　● last week (先週)
　● last Monday (この前の月曜日)
　● last winter (この前の冬)
● ～ago (～前に)
　● an hour ago (1時間前に)
● then / at that time (そのとき)

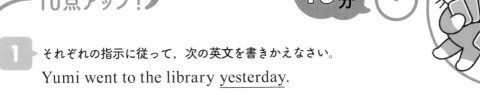

10点アップ！ ↗

1 それぞれの指示に従って，次の英文を書きかえなさい。

Yumi went to the library yesterday.

❶ 疑問文に。

_____

❷ ❶の疑問文に Yes で答える。

_____

点UP ❸ 下線部をたずねる疑問文に。

_____

_____

2 それぞれの指示に従って，次の英文を書きかえなさい。

I had breakfast this morning.

❶ 否定文に。

_____

❷ ❶の英文を日本語に。

(_____)

❸ ❶の英文の主語を Mr. White に。

_____

3 次のようなとき，英語でどのように言いますか。（　　）内の語を使って英文を書きなさい。

❶ 相手に自分は今朝7時に起きたと伝えるとき。(got)

_____

❷ 相手に昨日自分の部屋を掃除したかとたずねるとき。(did)

_____

ヒント

1 ❶
一般動詞の過去の疑問文は，〈Did＋主語＋動詞の原形〜?〉の語順になる。

❷
一般動詞の過去の疑問文には，did を使って答える。

❸
時をたずねる疑問文となる。

2 ❶
一般動詞の過去の否定文は，〈主語＋did not [didn't] ＋動詞の原形〜?〉の語順になる。

❸
一般動詞の過去の文は，主語の人称や数によらず，形は1つ。

3 ❶
「起きる」＝get up

❷
「あなたは昨日，あなたの部屋を掃除しましたか。」という文を作る。

2 [1章] be動詞の過去形・過去進行形

✓ 基本をチェック

10分 🕐

音声再生 2-02

① be動詞の過去の文

🔊 [ふつうの文] Aya **was** tired then.
（主語　be動詞の過去形）
（アヤはそのとき，疲れていました。）

🔊 [否定文] Ken was **not[wasn't]** at home then.
（ケンはそのとき，家にいませんでした。）

🔊 [疑問文] **Were** you busy last night? （あなたは昨夜，忙しかったですか。）

> be動詞を過去形（was, were）にして，過去の状態や存在を表す。
> 否定文は，was[were]のあとにnotを置く。
> 疑問文は，was[were]を主語の前に置く。

✓ They ❶＿＿＿＿＿＿ very kind. （彼らはとても親切でした。）

The movie ❷＿＿＿＿＿＿ interesting.
（その映画はおもしろくありませんでした。）

Why ❸＿＿＿＿＿＿ you late? （あなたはどうして遅れたのですか。）

be動詞のあとの語（句）
be動詞のあとには名詞や形容詞，場所を表す語句が続く。
■ He was <u>a doctor</u>.
（彼は医者でした。）
■ I was <u>busy</u>.
（私は忙しかったです。）
■ We were <u>in the library</u>.
（私たちは図書館にいました。）

疑問詞で始まる疑問文は，あとに過去の疑問文を続ける。答えるときはbe動詞を使う。
例 Where were you yesterday?
（あなたは昨日，どこにいましたか。）
―I was in the park.
（私は公園にいました。）

② 過去進行形の文

🔊 [ふつうの文] I **was cleaning** my room at that time.
（主語　〈be動詞の過去形＋動詞の-ing形〉）
（私はそのとき，自分の部屋を掃除していました。）

🔊 [否定文] She was **not[wasn't]** sleeping then.
（彼女はそのとき，眠っていませんでした。）

🔊 [疑問文] **Were you singing a song?** （あなたは歌を歌っていましたか。）

> 〈be動詞の過去形（was, were）＋動詞の-ing形〉で過去に進行中だった動作を表す。
> 否定文は，was[were]のあとにnotを置く。
> 疑問文は，was[were]を主語の前に出し，〈Was[Were]＋主語＋動詞の-ing形〜?〉の形でたずねる。

✓ He ❹＿＿＿＿＿ ❺＿＿＿＿＿ a book. （彼は本を読んでいました。）

They ❻＿＿＿＿＿ ❼＿＿＿＿＿ lunch.
（彼らは昼食を食べていませんでした。）

❽＿＿＿＿＿ Paul ❾＿＿＿＿＿ this computer?
（ポールはこのコンピューターを使っていましたか。）

疑問詞で始まる疑問文は，あとに過去進行形の疑問文を続ける。答えるときは，過去進行形を使って具体的に答える。
例 What were you doing then?
（あなたはそのとき，何をしていましたか。）
―I was doing my homework.
（私は宿題をしていました。）

10点アップ！⤴

⏱10分 🕐

1 それぞれの指示に従って，次の英文を書きかえなさい。

❶ I was hungry at that time.（否定文に）

_____

❷ Tom was looking for his pen.（疑問文に）

_____

点UP ❸ They were playing basketball <u>in the gym.</u>

（下線部をたずねる疑問文に）

_____

2 次の日本文に合うように，（　　）内の語（句）を並べかえて書きなさい。ただし，文頭にくる語も小文字で示されています。

❶ ジムと私はクラスメートではありませんでした。

Jim (I / not / and / classmates / were).

Jim _____ .

❷ この前の木曜日の天気はどうでしたか。

(last / was / how / the weather) Thursday?

_____ Thursday?

❸ 彼らは昼食を食べていませんでした。

(were / eating / they / lunch / not).

_____ .

3 次のようなとき，英語でどのように言いますか。（　　）内の語を使って英文を書きなさい。

❶ 相手に自分は先週忙しかったと伝えるとき。(busy)

_____

❷ 相手に５時に雨が降っていたかとたずねるとき。(raining)

_____

ヒント

1 ❶
否定文はbe動詞のあとにnotを置く。

❷
疑問文は，be動詞を主語の前に出す。

❸
「どこで」とたずねる文にする。

2 ❶
「ジムと私は」が主語。否定文はbe動詞のあとにnotを置く。

❷
「～はどうでしたか」は疑問詞howで文を始める。

❸
過去進行形も否定文はbe動詞のあとにnotを置く。

3 ❶
be動詞の過去形はamとis⇒was，are⇒wereになる。

❷
過去進行形の疑問文は，be動詞を主語の前に出す。この文の主語は天候を表すit。

1章

3 (1章) 未来の表現① (be going to 〜)

✓ 基本をチェック

10分

❶ ふつうの文

音声再生
2-03

🔊 主語 〈be動詞＋going to〉 動詞の原形
He is going to play soccer tomorrow.
（彼は明日，サッカーをするつもりです。）

> 「〜するつもりです」「〜するでしょう」という未来の動作・状態を表す。

> 〈be going to＋動詞の原形〉の形で表す。be動詞は主語に合わせてam, are, isを使い分ける。

✓ I ❶＿＿＿＿＿ ❷＿＿＿＿＿ to visit Nara next week.
（私は来週，奈良を訪れるつもりです。）

be going to 〜は，「すでに決まっている予定」や「これから起こりそうなこと」に使う。

⚠ 注意
主語が3人称単数でも，toのあとの動詞は原形。

❷ 否定文

🔊 主語 〈be動詞＋not going to〉 動詞の原形
I am **not** going to buy the book.
（私はその本を買うつもりはありません。）

> be動詞のあとにnotを置く。

✓ We ❸＿＿＿＿＿ ❹＿＿＿＿＿ going to join the party.
（私たちはそのパーティーに参加するつもりはありません。）

❸ 疑問文と答え方

🔊 [疑問文] be動詞 主語 going to 動詞の原形
Are you going to swim? （あなたは泳ぐつもりですか。）

🔊 [答え方] Yes, I am. （はい，泳ぐつもりです。）
No, I am [I 'm] not. （いいえ，泳ぐつもりはありません。）

🔊 [疑問詞を使った疑問文] 疑問詞 動詞の原形
Where are you going to swim?
（あなたはどこで泳ぐつもりですか。）

> be動詞（are, is）を主語の前に出し，〈Are[Is]＋主語＋going to＋動詞の原形〜?〉の形でたずねる。

> be動詞の疑問文と同じように答える。

> 疑問詞で始まる疑問文は，あとにbe going to 〜の疑問文を続ける。

✓ ❺＿＿＿＿＿ you ❻＿＿＿＿＿ to play baseball?
（あなたは野球をするつもりですか。）

>> 答え方
疑問詞を使った疑問文には，be going toを使って具体的に答える。
例 When are you going to do your homework?
（あなたはいつ宿題をするつもりですか。）
—I am [I'm] going to do it after dinner.
（私は夕食後にそれをするつもりです。）

10点アップ！ 10分

1 それぞれの指示に従って，次の英文を書きかえなさい。

❶ We are going to leave home at ten.（否定文に）

_____

❷ Kumi is going to go to the museum next Saturday.（疑問文に）

_____

❸ They're going to arrive <u>next morning</u>.（下線部をたずねる疑問文に）

_____

2 次の日本文に合うように，（　）内の語（句）を並べかえて書きなさい。
ただし，文頭にくる語も小文字で示されています。

❶ 彼は世界中を旅するつもりです。

(is / travel / he / to / around / going) the world.

_____ the world.

❷ サッカー選手たちはいつ球場に着く予定ですか。

(are / to / going / when / arrive / the soccer players) at the stadium?

_____ at the stadium?

❸ 私は明日，テニスをするつもりはありません。

(going / I'm / play / to / tennis / not) tomorrow.

_____ tomorrow.

3 次のようなとき，英語でどのように言いますか。（　）内の語を使って英文を書きなさい。

点UP ❶ 相手に明日何をするつもりかとたずねるとき。(are)

_____

❷ 相手に自分は明日自分の部屋を掃除する予定だと伝えるとき。(going)

_____

ヒント

1 ❶
ふつうのbe動詞の否定文と同じようにbe動詞のあとにnotを置く。

❷
be動詞で文を始める。

❸
「いつ」とたずねる文にする。

2 ❶
〈主語＋be going to ＋動詞の原形〜.〉の形。

❷
「いつ」を表す疑問詞で文を始め，あとにbe going to 〜の疑問文を続ける。「球場」＝stadium

❸
否定文はbe動詞のあとにnotを置く。

3 ❶
「何」を表す疑問詞で文を始め，あとにbe going to 〜の疑問文を続ける。

❷
「予定」はbe going to 〜の文で表す。

1章

4 未来の表現② (will)

解答 別冊 p.04

B-04

✓ 基本をチェック

 10分

1 ふつうの文

🔊 She **will** study tonight. (彼女は今夜, 勉強するでしょう。)

2-04

> 「～するつもりです」「～するでしょう」という未来の動作・状態を表す。

> 〈will＋動詞の原形〉の形で表す。

✓ I ❶_____ ❷_____ shopping tomorrow.

(私は明日, 買い物に行くつもりです。)

willは,「～でしょう」という推測や,「～するつもりです」「～しよう（と思う）」という話し手がそのとき決めたことを表す。

willを含む語句の短縮形
- I will⇒I'll
- you will⇒you'll
- he will⇒he'll
- she will⇒she'll
- it will⇒it'll
- will not⇒won't

2 否定文

🔊 Kate **will not[won't]** come to school tomorrow.

(ケイトは明日, 学校に来ないでしょう。)

> willのあとにnotを置く。

✓ I ❸_____ ❹_____ TV tonight.

(私は今夜, テレビを見るつもりはありません。)

3 疑問文と答え方

🔊 [疑問文] **Will you** go to the library this afternoon?

(あなたは今日の午後, 図書館へ行くつもりですか。)

🔊 [答え方] Yes, I **will**. (はい, 行くつもりです。)

No, I **will not[won't]**. (いいえ, 行くつもりはありません。)

🔊 [疑問詞を使った疑問文] **What will you** do today?

(あなたは今日, 何をするつもりですか。)

> willを主語の前に出し, 〈Will＋主語＋動詞の原形～?〉の形でたずねる。

> Yes / Noで答える。答える文にもwillを使う。

> 疑問詞で始まる疑問文は, あとにwillの疑問文を続ける。

✓ ❺_____ he ❻_____ a letter? (彼は手紙を書くでしょうか。)

When ❼_____ they ❽_____ ?

(彼らはいつ来るでしょうか。)

>> 答え方

疑問詞で始まる疑問文にも, willを使って答える。
例 What will you do tomorrow?
(あなたは明日, 何をするつもりですか。)
— I will practice the piano.
(私はピアノを練習するつもりです。)

10点アップ！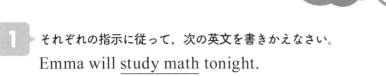

10分 ✓

1 それぞれの指示に従って，次の英文を書きかえなさい。

Emma will <u>study math</u> tonight.

❶ 疑問文に。

_____

❷ ❶の疑問文にNoを使って3語で答える。

_____

点UP ❸ 下線部をたずねる疑問文に。

_____

_____

2 それぞれの指示に従って，次の英文を書きかえなさい。

It will be sunny tomorrow.

❶ 否定文に。

_____

❷ ❶の英文を日本語に。

(_____)

❸ goingを使って，❶に近い意味を表す英文に。

_____

_____

3 次のようなとき，英語でどのように言いますか。(　　)内の語を使って英文を書きなさい。

❶ 相手に自分は図書館へ行くつもりだと伝えるとき。(will)

_____

❷ 相手に自分は明日買い物に行くつもりはないと伝えるとき。(won't)

_____

ヒント

1 ❶
willの疑問文は，〈Will＋主語＋動詞の原形〜?〉の形。

❷
willの疑問文には，willを使って答える。

❸
何をするつもりなのかをたずねる疑問文となる。

2 ❶
willの否定文は，willのあとにnotを置く。

❸
否定文になることに注意する。

3 ❶
willを使った未来の文。

❷
won't＝will not

1章

☑ 基本をチェック

10分

1 文の要素

🔊 音声再生

2-05

S V　　修飾語句
I run every morning. （私は毎朝，走ります。）

S V O 修飾語句
He plays tennis in the park. （彼は公園でテニスをします。）

> 主な文の要素には，主語（S），動詞（V），目的語（O），補語（C）がある。
> 修飾語句がなくても，文は成立する。

☑ I ❶＿＿＿＿＿＿ ❷＿＿＿＿＿＿ every day.

（私は毎日，英語を勉強します。）

文の要素
■主語…動作や状態の主体となる語。
「〜は，〜が」
■動詞…主語の動作や状態を表す語。
「〜する，〜だ」
■目的語…動詞の動作の対象となる語。
「〜を，〜に」
■補語…主語や目的語の状態や性質を説明する名詞・代名詞・形容詞。

2 〈S＋V＋C〉の文

S V C
She is a student. （彼女は学生です。） ※she＝a student

> 主語（S），動詞（V），補語（C）からなる文。「S＝C」の関係が成り立つ。
> 補語になるのは，名詞，代名詞，形容詞。

☑ He ❸＿＿＿＿＿ happy. （彼は幸せそうに見えます。）

〈S＋V＋C〉の文で使われる動詞
■be動詞（〜である）
■become（〜になる）
■look（〜に見える）
■sound（〜に聞こえる）

3 〈S＋V＋O＋O〉の文

S V O(人) O(もの)
He gave me this book.

S V O(もの) to+(人)
＝ He gave this book to me. （彼は私にこの本をくれました。）

> 主語（S），動詞（V），2つの目的語（O）からなる文。
> 〈S＋V＋O（もの）＋to[for]＋（人）〉の形に書きかえられるものが多い。

☑ My father ❹＿＿＿＿＿ ❺＿＿＿＿＿ a bike.

（父は私に自転車を買ってくれました。）

〈S＋V＋O＋O〉の文で使われる動詞
■buy（〜を買う）
■give（〜を与える）
■show（〜を見せる）
■teach（〜を教える）

4 〈S＋V＋O＋C〉の文

S V O C
We call him Tom. （私たちは彼をトムと呼びます。） ※him＝Tom

> 主語（S），動詞（V）のあとに目的語（O），補語（C）が続く文。「O＝C」の関係が成り立つ。

☑ She ❻＿＿＿＿＿ her ❼＿＿＿＿＿ Koro.

（彼女は自分のイヌをコロと名づけました。）

〈to＋人〉を使う動詞と〈for＋人〉を使う動詞
■〈to＋人〉
give（〜を与える），
send（送る），
show（〜を見せる），
teach（〜を教える），
tell（〜を話す）など
■〈for＋人〉
buy（〜を買う），
choose（〜を選ぶ），
cook（〜を料理する），
get（〜を手に入れる），
make（〜を作る）など

1 下線部のmadeの用法に注意して，それぞれの英文を日本語にしなさい。

❶ Akira <u>made</u> a box.

(   )

❷ My brother <u>made</u> us dinner.

(   )

❸ The baseball game <u>made</u> us excited.

(   )

ヒント

1・❶
〈S＋V＋O〉の文。

❷
〈S＋V＋O（人）＋O（もの）〉の文。

❸
〈S＋V＋O＋C〉の文。

2
章

2 次の日本文に合うように，（　　）内の語（句）を並べかえて書きなさい。
ただし，文頭にくる語も小文字で示されています。

❶ 彼^{かれ}らはその赤ちゃんをジェーンと名づけました。

(named / Jane / they / the baby).

_____ .

❷ 私は彼らにりんごを送るつもりです。

(send / to / I'll / them / some apples).

_____ .

2・❶
「～を…と名づける」は
〈S＋V＋O＋C〉の形
で表す。

❷
toがあることに注意する。

3 次のようなとき，英語でどのように言いますか。（　　）内の語句を使って英文を書きなさい。

点UP ❶ 相手にルーシー（Lucy）が自分に写真をくれたと伝えるとき。(a picture)

_____

❷ 相手に自分のネコをミケ（Mike）と名づけたと伝えるとき。(my cat)

_____

3・❶
「くれた」は動詞give
の過去形で表す。

❷
〈S＋V＋O＋C〉の文。

6 2章 不定詞①（名詞的用法）

解答 別冊 p.05

さくっとマルつけ

B-06

— ☑ 基本をチェック —

10分

1 不定詞の名詞的用法

♪音声再生
2-06

I like **to run**. 〈to＋動詞の原形〉（私は走るの（＝走ること）が好きです。）

> 〈to＋動詞の原形〉を不定詞という。
> 名詞的用法の不定詞は，「～すること」の意味で名詞の働きをし，文の主語・補語・目的語になる。

☑ Toshi hopes ❶_____ ❷_____ London.

（トシはロンドンを訪れることを望んでいます。）

2 目的語になる不定詞

I want to visit Kyoto. 動詞 〈to＋動詞の原形〉＝目的語（私は京都を訪れたいです。）

※「京都を訪れること」がwantの目的語。

> 名詞的用法の不定詞は，動詞の目的語になる。

☑ He likes ❸_____ ❹_____ books.

（彼は本を読むのが好きです。）

3 主語になる不定詞

To play baseball is difficult. 〈to＋動詞の原形〉＝主語 動詞（野球をするのは難しいです。）

※「野球をすること」が主語。

> 名詞的用法の不定詞は，文の主語になる。
> 不定詞を含む主語は3人称単数扱いになる。

☑ ❺_____ ❻_____ books is important.

（本を読むのは大切です。）

4 主語を説明する不定詞

My dream is to be a teacher. 主語 be動詞 〈to＋動詞の原形〉（私の夢は教師になることです。）

※「私の夢」＝「教師になること」

> 名詞的用法の不定詞は，be動詞の後ろに置かれて，主語を説明すること（「補語」の役割）ができる。

☑ His job ❼_____ ❽_____ save people.

（彼の仕事は人々を救出することです。）

⚠ **注意**

不定詞の形は，主語の人称や数，時制によって変わることはない。toのあとは必ず動詞の原形にする。

不定詞の3つの用法
- 名詞的用法
- 副詞的用法
- 形容詞的用法

目的語の不定詞の訳し方
- want to ～
「～することをほっする」
⇒「～したい」
- begin［start］to ～
「～することを始める」
⇒「～し始める」
- try to ～
「～することを試みる」
⇒「～しようとする」

不定詞を目的語にとることができる動詞
- begin（～を始める）
- hope（～を望む）
- like（～を好む）
- love（～が大好きである）
- try（～を試してみる）
- want（～がほしい）
など

この文は，〈S＋V＋C〉の文で，不定詞が補語（C）となっている。

10点アップ！ ⤴ 　10分

1 それぞれの指示に従って，次の英文を書きかえなさい。

❶ She likes to take pictures.（疑問文に）

_____

❷ He needs to <u>buy a new bike</u>.（下線部をたずねる疑問文に）

_____

2 次の英文を日本語にしなさい。

❶ She started to read a book.

（　　　　　　　　　　　　　　）

❷ To see the world is important for young people.

（　　　　　　　　　　　　　　）

❸ We tried to cook dinner.

（　　　　　　　　　　　　　　）

❹ To play the piano was not easy for him.

（　　　　　　　　　　　　　　）

点UP ❺ What do you want to be in the future?

（　　　　　　　　　　　　　　）

3 次のようなとき，英語でどのように言いますか。（　　）内の語を使って英文を書きなさい。

❶ 相手に自分の夢は歌手になることだと伝えるとき。（ become ）

_____

点UP ❷ 相手に何をしたいかとたずねるとき。（ want ）

_____

ヒント欄:

1 ❶
一般動詞の疑問文にする。

❷
答えの中心となるのは「新しい自転車を買うこと」なので，「何をすることが必要か」をたずねる疑問文にする。

2 ❶
start to ～ =「～し始める」

❷
see the world =「世界を見る」

❸
try to ～ =「～しようとする」

❹
To play the piano が主語の文。

❺
疑問詞のWhatで始まる疑問文。

3 ❶
「私の夢」=「歌手になること」 不定詞が文の補語になる。

❷
不定詞が動詞wantの目的語になる。

2章

17

7 (2章) 不定詞② (副詞的用法)

解答 別冊 p.06

さくっとマルつけ

B-07

☑ 基本をチェック

10分

1 不定詞の副詞的用法

2-07

I went to the library <u>to look</u> for the book.
動詞　　　　　　　　　〈to＋動詞の原形〉

= <u>To look</u> for the book, I went to the library.
〈to＋動詞の原形〉　　　　　　動詞

（私はその本を探すために，図書館へ行きました。）

> 副詞的用法の不定詞〈to＋動詞の原形〉は，動詞や形容詞，ほかの副詞を修飾し，副詞の働きをする。

> 「～するために」の意味で動詞を修飾し，動作の目的を表す。

> 〈to＋動詞の原形～〉は，文の前にも後ろにも置くことができる。前にくるときは，〈主語＋動詞〉との境にコンマ (,) を置く。

☑ He rode his bike ❶＿＿＿＿ ❷＿＿＿＿ to the station.
（彼は駅へ行くために，自分の自転車に乗りました。）

不定詞の副詞的用法と名詞的用法の見分け方
⇒不定詞の前で文を切ってみる。
①意味が完結している
⇒副詞的用法
②意味が完結していない
⇒名詞的用法

2 Why ～? ─ 〈To＋動詞の原形～.〉

[疑問文] Why did you go to Paris? （あなたはなぜパリへ行ったのですか。）

[答え方] To see my aunt. （おばに会うためです。）
　　　　　　　　※To see my aunt.の前にI went thereを入れてもよい。

> Why ～?の疑問文の答えの文として，目的を表す副詞的用法の不定詞を使うこともある。

☑ ❸＿＿＿＿ did he go to the mountain?
─ ❹＿＿＿＿ watch birds.

（彼はなぜ山へ行ったのですか。─鳥を見るためです。）

≫答え方
Why ～? の質問にはBecause ～.で理由を答えることもできる。
⇒Because I wanted to see my aunt.
（おばに会いたかったからです。）

3 感情の原因を表す不定詞

I'm happy to hear the news. （その知らせを聞いて，私はうれしいです。）
　　　形容詞　〈to＋動詞の原形〉
　　　　　　　　　　　　　　※to hear the newsがhappyの原因

> 「～して」の意味で感情を表す形容詞を修飾し，感情の原因を表す。

☑ She got angry ❺＿＿＿＿ ❻＿＿＿＿ his words.
（彼女は彼の言葉を聞いて怒りだしました。）

音声再生

10点アップ！ 10分 ✓

1 次の日本文に合うように，（　　）内の語（句）や符号を並べかえて書きなさい。ただし，文頭にくる語も小文字で示されています。

❶ 彼はその写真を見て気の毒に思いました。

(was / see / he / the picture / to / sorry).

_____ .

❷ ブラウン先生は英語を教えるために私たちの学校に来ました。

(to / to / English / came / teach / Ms. Brown / ,) our school.

_____ our school.

2 次の英文を日本語にしなさい。

❶ The girl studies hard to be a teacher.

(　　　　　　　　　　　　　　　　　　　　　　　　　　　　)

点UP ❷ To take pictures, my father visited the park.

(　　　　　　　　　　　　　　　　　　　　　　　　　　　　)

❸ I was happy to talk with my friend.

(　　　　　　　　　　　　　　　　　　　　　　　　　　　　)

❹ Were you excited to travel around Okinawa?

(　　　　　　　　　　　　　　　　　　　　　　　　　　　　)

3 次のようなとき，英語でどのように言いますか。（　　）内の語を使って英文を書きなさい。

❶ 相手に自分はあなたを手伝えてうれしいと伝えるとき。(glad)

_____

点UP ❷ 相手に自分は英語を勉強するためにカナダ (Canada) へ行くつもりだと伝えるとき。(will)

_____

ヒント

1 ❶
〈形容詞＋不定詞〉の語順になるようにする。

❷
語群の中にコンマがあることに注目する。

2 ❶❷
動作の目的を表す不定詞を使った文。

❸❹
感情の原因を表す不定詞を使った文。

3 ❶
感情を表す形容詞 glad を不定詞が後ろから修飾する形にする。

❷
不定詞が「英語を勉強するために」という目的を表す文。

8 不定詞③
（形容詞的用法／不定詞のまとめ）

2章

解答　別冊 p.07

さくっとマルつけ

B-08

✓ 基本をチェック

10分

1 不定詞の形容詞的用法

🔊 音声再生
2-08

🔈 I have many things 〈名詞〉 to do 〈to+動詞の原形〉. （私にはするべきことがたくさんあります。）

🔈 He didn't have a chance 〈名詞〉 to use English 〈to+動詞の原形〉 then.

（彼はそのとき，英語を使う機会がありませんでした。）

> 形容詞的用法の不定詞は，「～するための…」「～するべき…」の意味で形容詞の働きをし，名詞や代名詞を後ろから修飾する。

> 「～する…」の意味で，前の名詞に説明を加える働きをする。

✓ Ann has no time ❶＿＿＿＿＿＿ ❷＿＿＿＿＿＿ TV.

（アンにはテレビを見る時間がありません。）

> 〈形容詞＋名詞＋不定詞〉
> 形容詞は前から，不定詞は後ろから，それぞれ名詞を修飾する。
> ■ many things to do

2 〈-thing＋不定詞〉

🔈 He needs something 〈代名詞〉 to drink 〈to+動詞の原形〉. （彼は何か飲む物を必要としています。）

> somethingやanythingなどの代名詞を修飾するときも，不定詞は-thingのあとに続ける。〈-thing＋to＋動詞の原形〉の語順になる。

✓ Do you have ❸＿＿＿＿＿＿ ❹＿＿＿＿＿ tell Tom?

（何かトムに伝えるべきことはありますか。）

> -thing の付く代名詞
> ■ something（何か）
> …ふつうの文で使われる。Yesの答えを期待する疑問文で使われることもある。
> ■ anything（何か）…ふつう，否定文と疑問文で使われる。
> ■ nothing（何も～ない）…ふつうの文で使われるが，否定の意味になることに注意。

3 不定詞のまとめ

🔈 [名詞的用法] She likes 〈動詞〉 to take pictures 〈to+動詞の原形〉＝目的語. （彼女は写真をとるのが好きです。）

🔈 [副詞的用法] We went to Kyoto to visit some temples 〈to+動詞の原形〉.

（私たちはいくつかの寺を訪れるために京都へ行きました。）

🔈 I was glad 〈形容詞〉 to see Sara 〈to+動詞の原形〉. （私はサラに会えてうれしかったです。）

🔈 [形容詞的用法] I want something 〈代名詞〉 to eat 〈to+動詞の原形〉. （私は何か食べ物がほしいです。）

✓ ❺＿＿＿＿ ❻＿＿＿＿ is fun. （ダンスをするのは楽しいです。）
Come here ❼＿＿＿＿ ❽＿＿＿＿ me. （私を手伝いにここに来て。）

> ⚠ 注意
> 不定詞は，名詞的用法・副詞的用法・形容詞的用法の3つの意味に注意する。
> ・名詞的用法…「～すること」の意味。
> ・副詞的用法…動作の目的（「～するために」），感情の原因（「～して」）を表す。
> ・形容詞的用法…「～するための…」「～するべき…」という意味。

10分 ▽

1 次の英文を日本語にしなさい。

❶ He bought a book to read on the train.

ヒント

(　　　　　　　　　　　　　　　　　　　)

1-❶
このto readは「読む
ための〜」という意味。

点UP ❷ Do you know a good way to learn English?

❷
a good way＝「よい
方法」

(　　　　　　　　　　　　　　　　　　　)

2章

2 次の英文の下線部と同じ用法の不定詞を含む文を下のア〜エから選んで，
記号で答えなさい。

❶ Bill wants <u>to visit</u> Hokkaido someday.　　　　(　　)

❷ I was happy <u>to read</u> the letter.　　　　　　　　(　　)

❸ I had nothing <u>to do</u> last Sunday.　　　　　　　(　　)

❹ She used the computer <u>to send</u> an e-mail.　　(　　)

　ア Emma bought something <u>to drink</u> at the shop.
　イ Kota went to London <u>to meet</u> Alex.
　ウ I tried <u>to speak</u> to Jane in English.
　エ They were excited <u>to hear</u> the news.

2-❶
名詞的用法。

❷
感情の原因を表す副詞
的用法。

❸
形容詞的用法。

❹
目的を表す副詞的用法。

3 次のようなとき，英語でどのように言いますか。(　)内の語を使って
英文を書きなさい。

❶ 相手に何か食べる物がほしいと伝えるとき。(want, eat)

3-❶
〈-thing＋to＋動詞の
原形〉の語順。

点UP ❷ 相手に自分はするべき宿題がたくさんあると伝えるとき。(lot)

_____

❷
「〜するべき」を意味す
る不定詞が「宿題」を
後ろから修飾する形に
する。

9 3章 助動詞① (may, must)

解答 別冊 p.08

さくっとマルつけ

B-09

☑ 基本をチェック

10分

2-09

1 助動詞mayを使った文

🔊 [ふつうの文] He **may** visit you.
主語 助動詞 動詞の原形
（彼はあなたを訪ねるかもしれません。）

🔊 [否定文] She **may not** come here.
主語 〈助動詞+not〉 動詞の原形
（彼女はここに来ないかもしれません。）

🔊 [疑問文] **May** I use your pencil?
助動詞 主語 動詞の原形
（あなたの鉛筆を使ってもよいですか。）

> mayは，「～かもしれません」（推量）や「～してもよいです」（許可）を表す。
> 動詞の前に置いて〈may＋動詞の原形〉の形で使う。
> 否定文はmayのあとにnotを置く。
> 疑問文はmayを文頭に出し，〈May＋主語＋動詞の原形～?〉の形にする。

☑ It ❶＿＿＿＿＿ ❷＿＿＿＿＿ tomorrow.
（明日は雨が降るかもしれません。）

2 助動詞mustを使った文

🔊 [ふつうの文] You **must** do your homework.
主語 助動詞 動詞の原形
（あなたは宿題をしなければなりません。）

🔊 [否定文] You **must not** swim in this river.
主語 〈助動詞+not〉 動詞の原形
（この川で泳いではいけません。）

🔊 [疑問文] **Must** I call him? （私は彼に電話しなければなりませんか。）
助動詞 主語 動詞の原形

> mustは，「～しなければなりません」（義務）を表す。
> 動詞の前に置いて〈must＋動詞の原形〉の形で使う。
> 否定文はmustのあとにnotを置き，「～してはいけません」（禁止）を表す。
> 疑問文はmustを主語の前に出し，〈Must＋主語＋動詞の原形～?〉の形でたずねる。「～しなければなりませんか」（義務）の意味を表す。

☑ ❸＿＿＿＿＿ ❹＿＿＿＿＿ help them.
（私は彼らを手伝わなければなりません。）

「許可」を表すmay
下の立場の人に対して使う。
● You may use this pen. （このペンを使ってよろしい。）
● You may not run here. （ここで走ってはいけません。）

≫答え方
mayを使わずに答えることが多い。
—Yes, of course.
（はい，もちろん。）
—I'm sorry, but you can't.
（すみませんが，だめです。）

May I ～?とCan I ～?
両方とも許可を求める表現。May I ～?のほうがよりていねい。

mustの文と否定文
You must ～.と You must not ～.は，命令文にかえてもほぼ同じ意味を表すことができる。
● You must do your homework.
＝Do your homework.
● You must not swim in this river.
＝Don't swim in this river.

≫答え方
Yesの場合はmustを使い，Noの場合はdon't have toを使う。don't have toについては，p.24で学習する。

10点アップ！

10分

1 次の英文を日本語にしなさい。

❶ May I eat this cake?

(   )

❷ You must not come here.

(   )

❸ He must go home soon.

(   )

❹ Must I finish this work today?

(   )

2 次の日本文に合うように，（　　）内の語を並べかえて書きなさい。ただし，文頭にくる語も小文字で示されています。

❶ 私たちはこの授業で日本語を話してはいけません。

(not / speak / we / Japanese / must) in this class.

_____ in this class.

点UP ❷ マイクは今日，ひまではないかもしれません。

(not / be / Mike / may / free) today.

_____ today.

3 次のようなとき，英語でどのように言いますか。（　　）内の語を使って英文を書きなさい。

❶ 相手に自分は今日英語を勉強しなければならないと伝えるとき。(must)

_____

❷ 相手に窓を開けてもよいかとたずねるとき。(may)

_____

ヒント

1-❶
May I 〜?は許可を求める表現。

❷
You must not 〜.は禁止を表す文。

❸
義務を表す文。

❹
mustの疑問文。

2-❶
禁止を表す文。

❷
助動詞を使った文の否定文なので，〈助動詞＋not＋動詞の原形〉の語順になる。

3-❶
mustのあとは動詞の原形。

❷
「窓を開けてもよいですか。」という文。主語はI（私）。

3章

10

（3章）

助動詞②
〈should, be able to, have to〉

解答　別冊 p.08

さくっと マルつけ

B-10

☑ 基本をチェック

10分

1 助動詞shouldを使った文

音声再生
2-10

🔊 <u>You</u> <u>should</u> <u>get</u> up early. （あなたは早起きするべきです。）
 主語　助動詞　動詞の原形

> shouldは，「〜するべきです」（義務・当然）を表す。

> 動詞の前に置いて〈should＋動詞の原形〉の形で使う。

☑ You ❶＿＿＿＿＿ ❷＿＿＿＿＿ a cap.

（あなたは帽子を持ってくるべきです。）

mustとshould
どちらも「義務」を表すが，mustのほうがshouldよりも意味が強い。

2 be able toを使った文

🔊 <u>She</u> <u>is able to</u> <u>play</u> the guitar. （彼女はギターを弾くことができます。）
 主語　be able to　動詞の原形

🔊 <u>We</u> <u>will</u> <u>be able to</u> <u>speak</u> English.
 主語　助動詞　be able to　動詞の原形

（私たちは英語を話すことができるようになるでしょう。）

> be able toは，「〜（することが）できます」（可能）を表す。

> 動詞の前に置いて〈be動詞＋able to＋動詞の原形〉の形で使う。

> 未来の可能を表すときは，canの代わりにbe able toを使う。

☑ We ❸＿＿＿＿＿ ❹＿＿＿＿＿ to use this room.

（私たちはこの部屋を使うことができます。）

be able toの否定文と疑問文
be動詞の文と同じようにする。
● She is not able to play the guitar.
● Is she able to play the guitar?

⚠️ **注意**
助動詞を2つ続けて使うことはできないので，will can 〜.は不可。

3 have toを使った文

🔊 [ふつうの文] <u>I</u> have to <u>go</u> now. （私はもう行かなくてはなりません。）
 主語　　　　動詞の原形

🔊 [否定文] <u>Jim</u> **doesn't** have to <u>worry</u>.
 主語　　　　　　　　動詞の原形

（ジムは心配する必要はありません。）

🔊 [疑問文] Does <u>she</u> have to <u>leave</u> soon?
 主語　　　　動詞の原形

（彼女はすぐに出発しなければなりませんか。）

> have[has] toは，「〜しなければなりません」（義務・必要）を表す。

> 動詞の前に置いて〈have[has] to＋動詞の原形〉の形で使う。

> 否定文はhave toの前にdon't[doesn't]を置く。

> 疑問文は〈Do[Does] ＋主語＋have to＋動詞の原形〜?〉の形で「〜しなければなりませんか」「〜する必要がありますか」の意味を表す。

☑ ❺＿＿＿＿＿ Kota ❻＿＿＿＿＿ to study now?

（コウタは今，勉強しなければなりませんか。）

mustとhave to
どちらもほぼ同じ意味だが，否定文では意味が異なる。
● You must not run.
（走ってはいけません。）
【禁止】
● You don't have to run.
（走らなくてよいです。）
【必要がない】

≫答え方
do[does]を使って答える。
—Yes, she does.
（はい，しなければなりません。）
—No, she does not [doesn't].
（いいえ，その必要はありません。）

24

10点アップ！🎵

10分

1 次の英文を日本語にしなさい。

❶ You should go to bed early.

(　　　　　　　　　　　　　　　　　　　　　　　)

❷ He will be able to play the guitar.

(　　　　　　　　　　　　　　　　　　　　　　　)

❸ She has to take care of her dog.

(　　　　　　　　　　　　　　　　　　　　　　　)

点UP ❹ You don't have to hurry.

(　　　　　　　　　　　　　　　　　　　　　　　)

2 次の日本文に合うように，（　　）内の語を並べかえて書きなさい。ただし，文頭にくる語も小文字で示されています。

点UP ❶ 彼女は上手に歌うことができます。

(to / she / able / sing / is) well.

_____ well.

❷ 私は彼らを待たなければなりません。

(have / for / wait / I / to) them.

_____ them.

3 次のようなとき，英語でどのように言いますか。（　　）内の語を使って英文を書きなさい。

❶ 相手にたくさんの本を読むべきだと伝えるとき。(many)

_____

❷ 相手に自分は昼食を作らなければならないと伝えるとき。(have)

_____

ヒント

1 ❶
shouldは義務を表す助動詞。

❷
未来の可能を表す。

❸
has toは義務を表す。

❹
have toの否定文。

2 ❶
「〜できます」は，ここではbe able toで表す。

❷
「〜しなければなりません」は，ここではhave toで表す。

3 ❶
「〜するべき」は助動詞shouldを使って表す。

❷
haveを使うとあるので，have toを使った文にする。

3章

接続詞
（when, if, because, that）

☑ 基本をチェック

10分

 音声再生

❶ whenを使った文

🔊 Tom was playing soccer when I saw him.
接続詞 〈主語＋動詞〜〉

= When I saw Tom, he was playing soccer.
接続詞 〈主語＋動詞〜〉

2-11

（私がトムを見かけたとき，彼はサッカーをしていました。）

> whenは「〜するとき」（時）を表して〈主語＋動詞〜〉を続ける。

> 〈when＋主語＋動詞〜〉の部分は，文の前にも後ろにも置くことができる。
前にくるときは，後ろの〈主語＋動詞〉の前にコンマ (,) を置く。

☑ ❶ _____ John was twelve, he came to Japan.

（ジョンは12歳のときに日本へ来ました。）

❷ ifやbecauseを使った文

🔊 Please help me if you are free.
接続詞 〈主語＋動詞〜〉

（もしあなたがひまなら，私を手伝ってください。）

🔊 I didn't go out because it was rainy.
接続詞 〈主語＋動詞〜〉

（雨が降っていたので，私は外出しませんでした。）

> ifは「もし…が〜なら」（条件）を表して〈主語＋動詞〜〉を続ける。

> becauseは「（なぜなら）…は〜なので」（理由）を表して〈主語＋動詞〜〉を続ける。

☑ Eat this apple ❷ _____ ❸ _____ hungry.

（もしおなかがすいているなら，このりんごを食べなさい。）

☑ I can't help you ❹ _____ I'm busy.

（私は忙しいのであなたを手伝えません。）

❸ thatを使った文

🔊 I think (that) Eri is kind. （私は，エリは親切だと思います。）
接続詞 〈主語＋動詞〜〉

> thatは「〜ということ」の意味で，〈(that＋)主語＋動詞〜〉が動詞の目的語になる。このthatは，よく省略される。

☑ Do you think ❺ _____ the movie is interesting?

（その映画はおもしろいと思いますか。）

⚠️ 注意

〈if＋主語＋動詞〜〉や〈because＋主語＋動詞〜〉を文の前に置くときは，その後ろにコンマを置く。

》 答え方

Why 〜? の疑問文に「（なぜなら）〜だからです」と答えるときは，Becauseのあとに〈主語＋動詞〜〉を続ける。

例 Why do you study Japanese?
（あなたはなぜ日本語を勉強するのですか。）
— Because I'll travel to Japan next year.
（私は来年，日本へ旅行に行くからです。）

10点アップ！ 🡅

10分 🕐

1 それぞれの指示に従って，次の英文を書きかえなさい。

❶ You should study hard. I think so. (thatを使って1つの文に)

_____

点UP ❷ It's Sunday today, so I don't go to school.

(becauseを使ってほぼ同じ内容を表す文に)

_____

2 次の日本文に合うように，( )内の語(句)や符号を並べかえて書きなさい。ただし，文頭にくる語も小文字で示されています。

❶ 私がアヤの家を訪ねたとき，彼女は外出していました。

(out / I / Aya / visited / when / was) her house.

_____ her house.

❷ もし質問があるなら，私に聞いてください。

(you / ask / have / if / please / a question / ,) me.

_____ me.

❸ あなたはその少女がケンの妹だということを知っていますか。

(know / the girl / you / is / do) Ken's sister?

_____ Ken's sister?

3 次のようなとき，英語でどのように言いますか。( )内の語を使って英文を書きなさい。

点UP ❶ 相手に明日晴れたら買い物に行こうと誘うとき。(if, let's)

_____

❷ 相手にクミ (Kumi) は東京出身だということを知っているかたずねるとき。(that)

_____

ヒント

1 ❶
1文目の内容を，2文目のthinkの目的語にする。

❷
becauseのあとには理由が続く。

2 ❶
コンマがないので，〈when＋主語＋動詞～〉の部分を文の後ろに置く。

❷
コンマがあるので，〈if＋主語＋動詞～〉の部分を文の前に置く。

❸
knowの目的語を〈主語＋動詞～〉の形で表す。

3 ❶
ifのあとは〈主語＋動詞～〉の形になる。

❷
「あなたはクミが東京出身だということを知っていますか。」という文を作る。

3章

12 There is[are] 〜．の文

解答　別冊 p.10
さくっとマルつけ
B-12

☑ 基本をチェック

10分

① ふつうの文

音声再生 2-12

There is _{名詞(単数)} an apple _{場所を表す語句} on the table.

（テーブルの上にりんごが（1個）あります。）

There are _{名詞(複数)} two apples _{場所を表す語句} on the table.

（テーブルの上にりんごが2個あります。）

> 不特定のものや人が「ある〔いる〕」ことを表す。
> be動詞のあとの名詞が単数の場合はis，複数の場合はareを使う。

☑ ❶_____ ❷_____ a picture on the wall.

（かべに1枚の絵があります。）

② 否定文

There is not[There's **not** / There is**n't**] a TV <u>in my room</u>. （私の部屋にテレビはありません。）

There are not[There're **not** / There are**n't**] any pens in my bag. （私のかばんの中にペンは1本もありません。）

> be動詞のあとにnotを置く。

☑ There're ❸_____ ❹_____ dogs in the park.

（公園にはイヌは1匹もいません。）

③ 疑問文と答え方

[疑問文] **Is there** _{〈be動詞+there〉} a hospital _{主語} <u>near here</u>_{場所を表す語句}?

（この近くに病院はありますか。）

[答え方] Yes, **there is**. （はい，あります。）
No, **there is** not[there's not / there isn't].

（いいえ，ありません。）

> be動詞をthereの前に出す。
> Yes / Noで答える。答える文にもthereとbe動詞を使う。

☑ ❺_____ ❻_____ a knife in the kitchen?

（台所に包丁がありますか。）

》》短縮形

There is⇒There's
There are⇒There're

There is[are] 〜．の過去の文

be動詞を過去形のwas[were]にする。
●There were three apples on the table.
（テーブルの上にりんごが3個ありました。）

量を表す There is 〜．

数えられない名詞の量を表すとき，be動詞はis。
●There is much water in the bottle.
（びんの中にたくさんの水があります。）

⚠ **注意**

数をたずねるとき

How manyを使ってたずね，答えるときは〈There is[are]＋数(＋名詞).〉の形で具体的な数を答える。数字のあとの名詞は省略してもよい。
例 How many children were there in the park?
（公園には子どもが何人いましたか。）
—There were ten (children). （10人(の子どもが)いました。）

28

10点アップ！  10分 ✓

1 それぞれの指示に従って，次の英文を書きかえなさい。

There are some balls in the box.

❶anyを使った否定文に。

＿＿＿＿＿＿＿＿＿＿＿＿＿＿＿＿＿＿＿＿＿＿＿＿＿＿

❷❶の英文を日本語に。

（＿＿＿＿＿＿＿＿＿＿＿＿＿＿＿＿＿＿＿＿＿＿＿＿）

2 それぞれの指示に従って，次の英文を書きかえなさい。

There is a rabbit in the garden.

❶疑問文に。

＿＿＿＿＿＿＿＿＿＿＿＿＿＿＿＿＿＿＿＿＿＿＿＿＿＿

❷❶の疑問文にNoを使って3語で答える。

＿＿＿＿＿＿＿＿＿＿＿＿＿＿＿＿＿＿＿＿＿＿＿＿＿＿

❸aをfiveにかえて。

＿＿＿＿＿＿＿＿＿＿＿＿＿＿＿＿＿＿＿＿＿＿＿＿＿＿

❹❸の文で，fiveをたずねる疑問文に。

＿＿＿＿＿＿＿＿＿＿＿＿＿＿＿＿＿＿＿＿＿＿＿＿＿＿

3 次のようなとき，英語でどのように言いますか。（　）内の語を使って英文を書きなさい。

❶相手に自分の市にはスタジアムが1つあると伝えるとき。(there, city)

＿＿＿＿＿＿＿＿＿＿＿＿＿＿＿＿＿＿＿＿＿＿＿＿＿＿

点UP ❷相手にこの図書館には何冊の本があるのかたずねるとき。(how, there)

＿＿＿＿＿＿＿＿＿＿＿＿＿＿＿＿＿＿＿＿＿＿＿＿＿＿

ヒント

1 ❶
There are ～. の否定文では，be動詞のあとにnotを置く。

2 ❶
There is[are] ～.の疑問文は，be動詞をthereの前に出す。

❷
There is[are] ～.の疑問文には，thereとbe動詞を使って答える。

❸
rabbitを複数形にする。

❹
数をたずねる疑問文となる。

3 ❶
「～が1つ」というときは，「～」の前にa[an]を付ける。

❷
数をたずねるときは，How manyで文を始める。

4章

13 動名詞

解答 別冊 p.11

さくっと マルつけ
B-13

☑ 基本をチェック

10分

1 動名詞を使った文

音声再生
2-13

🔊 [目的語] John finished **cleaning his room.**
　動詞　動名詞＝目的語
（ジョンは部屋を掃除し終えました。）

🔊 [前置詞の目的語] Thank you for **calling me.**
　前置詞　動名詞＝目的語
（私に電話をしてくれてありがとう。）

🔊 [主語] **Learning English** is interesting for me.
　動名詞＝主語　be動詞
（英語を学ぶのは，私にとっておもしろいです。）

🔊 [主語を説明] **My hobby** is **reading books.**（私の趣味は本を読むことです。）
　主語　be動詞　動名詞

> 動名詞は動詞の -ing 形で「～すること」という意味を表す。動詞の性質を保ちつつ，名詞と同じ働きをする。

☑ His job is ❶＿＿＿＿＿ pictures.（彼の仕事は写真をとることです。）
Jim is good ❷＿＿＿＿ ❸＿＿＿＿＿ the piano.
（ジムはピアノを弾くのが得意です。）

⚠ 注意
動名詞の主語は3人称単数扱い。
例 Watching sports is (×are) fun.

〈前置詞＋動名詞〉の表現
● be good at ～ing
（～するのが得意だ）
● How about ～ing?
（～してはどうですか）
● thank you for ～ing
（～してくれてありがとう）
● without ～ing
（～しないで）

2 動名詞と不定詞

🔊 [動名詞] We like **playing** soccer.
　　　　　　　　動名詞

[不定詞] ＝ We like **to play** soccer.（私たちはサッカーをするのが好きです。）
　　　　　　　　〈to＋動詞の原形〉

🔊 [目的語が動名詞のみ] We enjoyed **playing** soccer.（私たちはサッカーをして楽しみました。）
　　　　　　　　　　　　動名詞

🔊 [目的語が不定詞のみ] We want **to play** soccer.（私たちはサッカーをしたいです。）
　　　　　　　　　　　　〈to＋動詞の原形〉

> 動名詞（動詞の -ing 形）と不定詞（to＋動詞の原形）はどちらも「～すること」という意味だが，動詞の目的語になる場合は，その動詞によって動名詞を使うか不定詞を使うかが決まっている。

like は，動名詞と不定詞の両方とも目的語にすることができる。

⚠ 注意
● We enjoyed to play soccer. は不可。
● We want playing soccer. は不可。

stop to ～の to ～は「～するために」の意味で，目的語ではない。

動名詞と不定詞の両方を目的語にとる動詞	begin, like, love, start など
動名詞だけを目的語にとる動詞や連語	enjoy, finish, give up, stop など
不定詞だけを目的語にとる動詞	decide, hope, plan, wish, want など

☑ Did you ❹＿＿＿＿ ❺＿＿＿＿＿ breakfast?
（あなたは朝食を食べ終えましたか。）

10分 ✔

1 次の各組の英文がほぼ同じ内容を表す文になるように，＿＿＿に適切な語を書きなさい。

❶
It will begin to rain soon.

It will begin ＿＿＿＿＿＿ soon.

❷
Do you like singing songs?

Do you like ＿＿＿＿＿＿ ＿＿＿＿＿＿ songs?

> ヒント
>
> **1** ❶❷
> beginやlikeは，動名詞と不定詞の両方とも目的語にとる動詞。

2 次の日本文に合うように，（　　）内の語（句）を並べかえて書きなさい。ただし，文頭にくる語も小文字で示されています。

❶ 彼女は本を読むのをやめました。

(a book / she / reading / stopped).

＿＿＿＿＿＿＿＿＿＿＿＿＿＿＿＿＿＿ .

❷ 彼は公園を散歩して楽しみます。

(enjoys / in / a walk / he / taking) the park.

＿＿＿＿＿＿＿＿＿＿＿＿＿ the park.

❸ 私をパーティーに招待してくれてありがとう。

(for / me / you / inviting / thank) to the party.

＿＿＿＿＿＿＿＿＿＿＿＿＿ to the party.

> **2** ❶
> 「〜するのをやめる」は，〈stop＋動名詞〉で表す。
>
> ❷
> 「〜して楽しむ」は，〈enjoy＋動名詞〉で表す。
>
> ❸
> 「〜してくれてありがとう」＝thank you for 〜ing

3 次のようなとき，英語でどのように言いますか。（　　）内の語を使って英文を書きなさい。

❶ 相手に自分は宿題をし終えたと伝えるとき。(doing)

＿＿＿＿＿＿＿＿＿＿＿＿＿

点UP ❷ 相手に私を手伝ってくれてありがとうと伝えるとき。(for)

＿＿＿＿＿＿＿＿＿＿＿＿＿

> **3** ❶
> 「〜を終える」を意味するfinishは，目的語に動名詞をとる動詞。
>
> ❷
> 前置詞forの目的語に動名詞がくる形にする。

4章

14 会話表現①

解答 別冊 p.11

B-14

☑ 基本をチェック

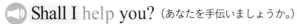

10分

① 申し出る／誘う・提案する表現

音声再生 2-14

- Shall I help you? (あなたを手伝いましょうか。)
  - —Yes, please. (はい, お願いします。)
  - —No, thank you. (いいえ, けっこうです。)
- Shall we play soccer? (サッカーをしましょうか。)
  - —Yes, let's. (はい, しましょう。) / No, let's not. (いいえ, よしましょう。)
  > Shall I ～?は「（私が）～しましょうか」と申し出る表現。
  > Shall we ～?は「（いっしょに）～しましょうか」と誘う表現。

☑ ❶＿＿＿＿ ❷＿＿＿＿ bring any books?
(本を何冊か持ってきましょうか。)

② 依頼する表現

- Can you open the window? (窓を開けてくれませんか。)
  - —Sure. (いいですよ。) / All right. (わかりました。)
- Will you sing for us? (私たちのために歌ってくれませんか。)
  - —Sorry, but I can't. (すみませんが, できません。)
- Could you take our picture? (私たちの写真をとってくださいませんか。)
- Would you help me? (私を手伝ってくださいませんか。)
  > 〈Can[Will] you＋動詞の原形～?〉は「～してくれませんか」と依頼する表現で, 〈Could[Would] you＋動詞の原形～?〉は「～してくださいませんか」とていねいに依頼する表現。

☑ Could ❸＿＿＿＿ say that again?
(それをもう一度言ってくださいませんか。)

③ 電話で使う表現

- May I speak to Lisa, please? (リサをお願いします。)
- Will you give her a message, please?
(彼女に伝言を伝えてくれますか。)
  > 〈Can[Will] you＋動詞の原形～?〉は「～してくれませんか」と依頼する表現。

☑ ❹＿＿＿＿ I ❺＿＿＿＿ to John? ((電話で)ジョンをお願いします。)

点UP

1 次の英文を日本語にしなさい。

❶ Shall I close the window?

(　　　　　　　　　　　　　　　　　　　　)

❷ Will you buy the book for me?

(　　　　　　　　　　　　　　　　　　　　)

❸ Shall we join the party tomorrow?

(　　　　　　　　　　　　　　　　　　　　)

❹ Could you come to my house?

(　　　　　　　　　　　　　　　　　　　　)

2 次の日本文に合うように，(　　)内の語を並べかえて書きなさい。ただし，文頭にくる語も小文字で示されています。

❶ いっしょにテニスを練習しましょうか。

(tennis / practice / we / shall)?

_____?

❷ それをもう一度言ってくださいませんか。

(you / again / could / that / say)?

_____?

❸ 彼(かれ)に伝言を伝えてくれますか。

(will / message / give / a / you / him), please?

_____, please?

3 次のようなとき，英語でどのように言いますか。(　　)内の語を使って英文を書きなさい。

❶ 相手にいっしょに買い物に行こうと誘(さそ)うとき。(shall)

_____

❷ 相手に窓を閉めるように依頼(いらい)するとき。(could)

_____

ヒ ン ト

1 ❶

Shall I ～?は相手に申し出る表現。

❷

Will you ～?は相手に依頼(いらい)する表現。

❸

Shall we ～?は相手を誘(さそ)う表現。

❹

Could you ～?は相手に依頼するていねいな表現。

2 ❶

shallを使った相手を誘う表現。

❷

相手にていねいに依頼するときはCould [Would] you ～?で表す。

❸

相手に依頼する表現。〈give＋人＋もの〉の形を使う。

3 ❶

shallを使った相手を誘う表現。

❷

Couldで始まるていねいな依頼の文。

4章

15 (4章) 会話表現②

 解答 別冊 p.12

 さくっとマルつけ

B-15

✅ 基本をチェック

10分

1 道案内で使う表現

 2-15 音声再生

Which bus goes to the hospital?
（どのバスが病院へ行きますか。）

Take Bus No. 4.（4番のバスに乗ってください。）

Get off at the fifth stop.（5番目の停留所で降りてください。）

How long does it take?（どれくらい時間がかかりますか。）
—**It takes about 15 minutes.**（およそ15分かかります。）

> Which 〜 goes to ...?はどの乗り物が目的地に行くかをたずねる表現。

> takeは「〜に乗る」，get offは「〜を降りる」の意味で，乗り物の乗り降りに使われる表現。

> How long does it take?は所要時間をたずねる表現。

✅ ❶_____ Bus No. 7, please.（7番のバスに乗ってください。）

❷_____ ❸_____ does it take?

（どれくらい時間がかかりますか。）

そのほかの表現
- How can I get to the park?
  （公園へはどうすれば行けますか。）
- Could you tell me the way to the hospital?
  （病院への道を教えてくださいませんか。）
- Change trains at Kita Station.
  （北駅で電車を乗りかえてください。）

2 買い物で使う表現①

(店員) **May[Can] I help you?**（いらっしゃいませ。）

(店員) **What color are you looking for?**（何色をお探しですか。）

(客) **May[Can] I try it on?**（それを試着してもよいですか。）

> May[Can] I help you?は店員が接客するときに使う表現。

> try 〜 onは「〜を試着する」という表現。

✅ May I ❹_____ ❺_____?（いらっしゃいませ。）

Can I ❻_____ this ❼_____?（これを試着してもよいですか。）

そのほかの表現
- I'm looking for 〜.
  （〜を探しています。）
- How about 〜?
  （〜はいかがですか。）
- It looks a little big for me.
  （それは，私には少し大きいようです。）
- I'm just looking.
  （見ているだけです。）

3 買い物で使う表現②

(店員) **Shall I** show you a blue one?（青いのをお見せしましょうか。）
「〜しましょうか」 〈show＋人〉

(客) **How much is it?**（おいくらですか。）

(客) **I'll take it.**（これをください。）

✅ ❽_____ ❾_____ is it?（おいくらですか。）

そのほかの表現
- Could you show me another one?
  （別のを見せてくださいませんか。）
- Do you have one in my size?
  （私に合うサイズのものはありますか。）
- Do you have one in blue?
  （青い色のものはありますか。）

1 次の英文を日本語にしなさい。

❶ Get off at the fourth station.

( )

❷ Change trains at the next station.

( )

❸ How long does it take?

( )

❹ I'm looking for a cap.

( )

ヒント

1 ❶
get off＝「（電車など）を降りる」

❷
changeは「～をかえる」という意味の動詞。

❸
所要時間をたずねる表現。

❹
look for ～＝「～を探す」

2 次の日本文に合うように，（ ）内の語（句）を並べかえて書きなさい。ただし，文頭にくる語も小文字で示されています。

❶ この青いジャケットはいかがですか。

(jacket / about / how / blue / this)?

_____?

❷ それを試着してもよいですか。(try / it / I / on / may)?

_____?

点UP ❸ 図書館への道を教えてくださいませんか。

(me / could / the way / you / tell) to the library?

_____ to the library?

2 ❶
「～はいかがですか」は
How about ～?

❷
itの位置に注意。

❸
ていねいな依頼の文。
「～への道」はthe way
to ～。

3 次のようなとき，英語でどのように言いますか。（ ）内の語を使って英文を書きなさい。

❶ 相手にどのバスが博物館へ行くかたずねるとき。(which)

_____

❷ 客が店員に商品の値段をたずねるとき。(it)

_____

3 ❶
「どの～」はWhichで
文を始める。

❷
「それはいくらですか。」
と値段をたずねる文。

4章

16 [5章] 比較の表現①

 解答 別冊 p.13

 さくっとマルつけ

B-16

☑ 基本をチェック

10分

1 形容詞・副詞の比較級・最上級

♪ 音声再生

2-16

> 2つ以上のものを比べていうとき，英文では形容詞や副詞を変化させて表す。

> 比較級・最上級の作り方

ふつう…形容詞・副詞の語尾に，比較級はer，最上級はestを付ける。 例 tall (背が高い)－taller－tallest, strong (力強い)－stronger－strongest
語尾がe…語尾に，比較級はr，最上級はstを付ける。 例 large (大きい)－larger－largest, nice (すてきな)－nicer－nicest
語尾が〈子音字＋y〉…yをiに変えて比較級はer，最上級はestを付ける。 例 busy (忙しい)－busier－busiest, early (早く)－earlier－earliest
語尾が〈短母音＋子音字〉…子音字を重ねて比較級はer，最上級はestを付ける。 例 big (大きい)－bigger－biggest, hot (暑い，熱い)－hotter－hottest

☑ This room is ① ＿＿＿＿＿＿ than mine. (この部屋は私のものよりも大きいです。)

2 比較級の文

🔊 I am taller than Paul. (私はポールよりも背が高いです。)
　比較級(形容詞)

🔊 Eri runs faster than Lucy. (エリはルーシーよりも速く走ります。)
　　　比較級(副詞)

> 2つのものや人を比べて「…より～」というときは，〈比較級＋than ...〉の形で表す。

☑ Sam is ② ＿＿＿＿＿＿ ③ ＿＿＿＿＿＿ my brother.

(サムは私の兄[弟]よりも若い。)

3 最上級の文

🔊 I am the tallest in my class. (私はクラスの中でいちばん背が高いです。)
　　　　最上級(形容詞) 〈in+場所・範囲〉

🔊 Eri runs (the) fastest of the five.
　　　　　最上級(副詞)　〈of+複数〉

(エリは5人の中でいちばん速く走ります。)

> 3つ以上のものや人を比べて「―の中でいちばん～」というときは，〈the＋最上級＋in[of] ―〉の形で表す。

☑ This bag is the ④ ＿＿＿＿＿ ⑤ ＿＿＿＿＿＿ the three.

(このかばんは3つの中でいちばん重いです。)

比較の文でよく使われる形容詞・副詞（-er・-est型）

形容詞
- cold (寒い，冷たい)
- hard (たいへんな)
- heavy (重い)
- hot (暑い，熱い)
- long (長い)
- new (新しい)
- old (古い，年を取った)
- short (短い)
- young (若い)

副詞
- early (早く)
- fast (速く)
- hard (熱心に)　など

比較級の強調
比較の程度を強めて「―よりずっと～」というときは，比較級の前にmuchを置いて，〈much＋比較級＋than ～〉の形にする。
- Bill is much taller than Ryo.
(ビルはリョウよりずっと背が高い。)

inとofの使い分け
- 〈in＋場所・範囲を表す語句〉
 in the world (世界で)
 in the team (チームの中で)
- 〈of＋複数を表す語句〉
 of the three (3人[3つ]の中で)
 of us (私たちの中で)

副詞の最上級にはtheを付けないこともある。

1 次の（　　）内の語を適切な形になおして，＿＿＿に書きなさい。

❶ I'm ＿＿＿＿＿＿＿＿ than Ann. (short)

❷ Today is ＿＿＿＿＿＿＿＿ than yesterday. (hot)

❸ She studies the ＿＿＿＿＿＿＿＿ in her class. (hard)

❹ This apple is the ＿＿＿＿＿＿＿＿ of the five. (big)

2 次の日本文に合うように，（　　）内の語（句）を並べかえて書きなさい。
ただし，文頭にくる語も小文字で示されています。

❶ 私のイヌはあなたのイヌよりもずっと小さいです。

(than / my dog / smaller / yours / much / is).

＿＿＿＿＿＿＿＿＿＿＿＿＿＿＿＿＿＿＿＿＿＿ .

❷ 父は家族の中でいちばん早く起きます。

(up / my father / in / earliest / gets) my family.

＿＿＿＿＿＿＿＿＿＿＿＿＿＿＿＿＿ my family.

点UP ❸ 彼女（かのじょ）は6人の中でいちばん速く泳ぎます。

(swims / of / she / the / fastest) the six.

＿＿＿＿＿＿＿＿＿＿＿＿＿＿＿＿＿ the six.

3 次のようなとき，英語でどのように言いますか。（　　）内の語を使って英文を書きなさい。

❶ 相手にビル（Bill）は私の兄より年上だと伝えるとき。(than)

＿＿＿＿＿＿＿＿＿＿＿＿＿＿＿＿＿＿＿＿＿＿＿

❷ 相手に自分はクラスでいちばん背が高いと伝えるとき。(class)

＿＿＿＿＿＿＿＿＿＿＿＿＿＿＿＿＿＿＿＿＿＿＿

ヒント

1 ❶❷
空所のあとにthanがあるので，比較（ひかく）級にする。

❸❹
「…の中でいちばん～」という文にする。

2 ❶
〈比較級＋than ～〉の形になるようにする。比較級を強調するmuchの位置に注意。

❷
earliestは副詞の最上級。

❸
最上級の文。「6人の中で」はof the sixで表す。

3 ❶
「…より～」というときは，〈比較級＋than ...〉の形。

❷
最上級の文。「（私の）クラス（の中）で」はin my classで表す。

5章

37

17 [5章] 比較の表現②

解答
別冊 p.14

さくっと
マルつけ

B-17

☑️ 基本をチェック

10分

❶ more，mostを使った比較級・最上級

2-17

[比較級] This shirt is **more expensive** than that one.

（このシャツはあのシャツよりも高価です。）

[最上級] Soccer is the **most popular** 〈in＋場所・範囲〉in my class.

（サッカーは私のクラスでいちばん人気があります。）

> difficultやimportant のような比較的つづりが長い語は，原級の前にmoreを付けて比較級，mostを付けて最上級にする。

例 difficult（難しい）− more difficult − most difficult

important（重要な）− more important − most important

☑️ This song is the ❶_____ ❷_____ ❸_____ the

ten.（この歌は10曲の中でいちばん有名です。）

❷ 比較級を使った疑問文

[疑問文] Which is **larger**，Japan or India?

（日本とインドでは，どちらがより広いですか。）

[答え方] India is.（インドです。）

> 2つのものや人を比べて「どちらがより〜ですか」とたずねるときは，比較級を使う。

☑️ ❹_____ is ❺_____，this dog or that one?

（このイヌとあのイヌでは，どちらがより年を取っていますか。）

❸ 最上級を使った疑問文

[疑問文] Who is the **tallest** in your class?

（あなたのクラスの中で，だれがいちばん背が高いですか。）

[答え方] Mike is.（マイクです。）

> 3つ以上のものや人を比べて「どれがいちばん〜ですか」とたずねるときは，最上級を使う。

> Whoは人を比べるときにだけ使う。

☑️ ❻_____ pencil is the ❼_____ of the five?

（5本の中で，どの鉛筆がいちばん長いですか。）

比較の文でよく使われる形容詞・副詞（more-most型）

形容詞
- beautiful（美しい）
- expensive（高価な）
- famous（有名な）
- interesting（おもしろい）
- popular（人気のある）
- useful（役に立つ，便利な）

副詞
- quickly（すばやく，速く）など

>> 答え方

疑問詞が主語となる疑問文の答えの文の（助）動詞は，疑問文の（助）動詞に合わせる。
- Which is 〜?
  − 〜 is.
- Who can 〜?
  − 〜 can.
- 〈Who＋動詞＋副詞の比較級・最上級〜?〉
  − 〜 do［does，did］.

〈Which＋名詞 〜?〉
〈Which＋名詞＋is 〜?〉「どの…が〜ですか。」とたずねることもある。
- Which mountain is the highest in Japan?
  （日本では，どの山がいちばん高いですか。）

音声再生

10分

1 次の英文を日本語にしなさい。

❶ This book is the most interesting of the ten.

(   )

❷ This question is more difficult than that one.

(   )

2 次の日本文に合うように，(   )内の語(句)や符号を並べかえて書きなさい。ただし，文頭にくる語も小文字で示されています。

❶ 彼はヒロよりもすばやく食べます。

(eats / quickly / Hiro / He / than / more).

_____ .

❷ このカメラは３つの中でいちばん高価です。

(expensive / the / is / of / this camera / most) the three.

_____ the three.

❸ テニスと野球では，どちらがより人気がありますか。

(or / more / tennis / which / popular / is / ,) baseball?

_____ baseball?

点UP ❹ あなたの家族の中で，だれがいちばん早く帰宅しますか。

(home / earliest / who / the / in / gets) your family?

_____ your family?

3 次のようなとき，英語でどのように言いますか。(   )内の語を使って英文を書きなさい。

❶ 相手にポール(Paul)とジム(Jim)ではどちらが年上かとたずねるとき。

(who)

_____

❷ 相手のクラスではだれがいちばん速く泳げるかとたずねるとき。(can)

_____

ヒント

1-❶
〈of＋複数を表す語(句)〉で「～の中で」。

❷
one＝question

2-❶
「…よりすばやく～する」という文なので，副詞の比較級を使って表す。

❷
「いちばん高価です」はmostを使って表す。

❸
「どちらがより～ですか」とたずねる疑問文。疑問詞で始める。

❹
「だれがいちばん～ですか」とたずねる疑問文。earliestは副詞earlyの最上級。

3-❶
疑問詞whoで始まる比較級を使った疑問文。

❷
疑問詞whoが主語となる疑問文。

5章

解答
別冊
p.15

さくっと
マルつけ

B-18

☑ 基本をチェック

10分

1 as ～ as ―の文

🔊 Ryo runs **as fast as** Sam.
〈as＋原級(副詞)＋as〉

（リョウはサムと同じくらい速く走ります。）

🔊 Ken is not **as tall as** Jim.（ケンはジムほど背が高くありません。）
〈as＋原級(形容詞)＋as〉

> 2つのものや人の程度が同じであることを表して「…と同じくらい～」というときは，〈as＋原級＋as …〉の形で表す。

> 〈as＋原級＋as …〉の前にnotを置いて否定形にすると，「…ほど～ではない」という意味になる。

☑ Lisa studied ❶＿＿＿＿＿ hard ❷＿＿＿＿＿ Emi.

（リサはエミと同じくらい熱心に勉強しました。）

2 better, bestを使った文

🔊 [比較級] This picture is better than that one.

（この絵はあの絵よりよいです。）

🔊 [最上級] Maki speaks English the best in my class.

（マキは私のクラスの中でいちばん上手に英語を話します。）

🔊 [比較級] I like soccer better than tennis.

（私はテニスよりもサッカーのほうが好きです。）

🔊 [最上級] I like soccer the best of all sports.

（私はすべてのスポーツの中でサッカーがいちばん好きです。）

🔊 [疑問詞を使った疑問文] Which do you like better, summer or winter?（あなたは夏と冬ではどちらのほうが好きですか。）

🔊 [答え方] I like summer better.（私は夏のほうが好きです。）

🔊 [疑問詞を使った疑問文] Which season do you like (the) best?

（あなたは，どの季節がいちばん好きですか。）

> goodとwellの比較級はbetter，最上級はbest，manyとmuchの比較級はmore，最上級はmostとなる。

☑ Bill likes math ❸＿＿＿＿ ❹＿＿＿＿＿ science.

（ビルは理科よりも数学のほうが好きです。）

---

not as ～ as … と比較級の書きかえ

■ Ken is not as tall as Jim.
　＝Ken is shorter than Jim.
　（ケンはジムより背が低い。）
　＝Jim is taller than Ken.
　（ジムはケンより背が高い。）

比較の文でよく使われる形容詞・副詞（不規則変化）

形容詞
■ good（よい，上手な）
　-better-best
■ many（多い）
　-more-most

副詞
■ well（上手に）
　-better-best
■ much（たいへん）
　-more-most

≫ 答え方

Whichなどの疑問詞で始まる比較の疑問文では，答えるときもbetter，bestを使う。

例 Which subject do you like (the) best?
（あなたは，どの教科がいちばん好きですか。）

—I like P.E. (the) best.
（私は体育がいちばん好きです。）

1 次の英文を日本語にしなさい。

❶Nothing is as important as health.

(　　　　　　　　　　　　　　　　　　　　)

❷She doesn't leave home as early as her father.

(　　　　　　　　　　　　　　　　　　　　)

❸Which do you like better, oranges or apples?

(　　　　　　　　　　　　　　　　　　　　)

2 次の日本文に合うように，(　　)内の語(句)を並べかえて書きなさい。
ただし，文頭にくる語も小文字で示されています。

❶中国はアメリカと同じくらい広いですか。

(the U.S. / China / large / is / as / as)?

_____?

点UP ❷彼女はどんな種類の音楽がいちばん好きですか。
（かのじょ）

(she / best / like / of / what / does / kind / music)?

_____?

3 次のようなとき，英語でどのように言いますか。(　　)内の語を使って英文を書きなさい。

❶相手に自分はマイク(Mike)ほど背が高くないと伝えるとき。(as)

_____

点UP ❷相手にどの色がいちばん好きかとたずねるとき。(which)

_____

ヒント

1 ❶
〈as＋原級＋as …〉を使った文。nothing は「何も～ない」という意味。

❷
〈as＋原級＋as …〉の否定形。earlyは副詞。

❸
Which do you like better, A or B? は「どちらのほうが好きか」をたずねる疑問文。

2 ❶
〈as＋原級＋as …〉の語順。

❷
「どんな～が」となるので〈What＋名詞〉で疑問文を始める。

3 ❶
「…ほど～ではない」は〈not as＋原級＋as …〉の形で表す。

❷
「～がいちばん好き」はbestを使って表す。

受け身の表現①

解答 別冊 p.15

さくっとマルつけ

B-19

10分

―✓ 基本をチェック ―

1 受け身の形

🔊 音声再生

2-19

〈be動詞＋過去分詞〉

English is used in this country.

(この国では英語が使われています。)

> 「～される」という受け身の表現は，〈be動詞＋過去分詞〉の形で表す。

> 過去分詞形は動詞の変化形の１つ。変化の仕方で，規則動詞と不規則動詞にわけられる。

> **規則動詞**…動詞の原形にe(d)を付けて過去分詞形を作る(過去形と同じ形)。
> 例 clean⇒cleaned⇒cleaned,　use⇒used⇒used
>
> **不規則動詞**…動詞を不規則に変化させて過去分詞形を作る(動詞によって異なる)。
> 例 break⇒broke⇒broken,　eat⇒ate⇒eaten,
> 　　write⇒wrote⇒written,　see⇒saw⇒seen

✓ Many flowers ❶＿＿＿＿＿ ❷＿＿＿＿＿ in the garden.

(その庭では多くの花が見られます。)

2 受け身の文

🔊 [ふつうの文] 主語 Tom cleans this room.（トムはこの部屋を掃除します。）

🔊 [受け身の文] 〈be動詞＋過去分詞〉 This room is cleaned by Tom.

(この部屋はトムによって掃除されます。)

🔊 [受け身の過去の文] 〈be動詞＋過去分詞〉 This room was cleaned by Tom.

(この部屋はトムによって掃除されました。)

> 「…は（―によって）～される」という受け身の文は，〈主語＋be動詞＋過去分詞（＋by ―）〉の形で表す。

> 受け身の文のbe動詞の形は，主語の人称と数に合わせる。過去の文ではbe動詞を過去形にする。

> 「―によって」と動作をする人を表すときは，過去分詞のあとに〈by＋人〉を続ける。by ―は省略されることもある。

✓ The window ❸＿＿＿＿＿ ❹＿＿＿＿＿ by Jim.

(その窓はジムによって割られました。)

不規則動詞の過去分詞形

- make（～を作る）⇒made
- build（～を建てる）⇒built
- catch（～をつかまえる）⇒caught
- do（～をする）⇒done
- find（～を見つける）⇒found
- give（～を与える）⇒given
- know（～を知る）⇒known
- read（～を読む）⇒read ※発音は [réd]
- sing（～を歌う）⇒sung
- take（～をとる）⇒taken
- hold（～を持つ）⇒held

byのあとに代名詞がくるときは，meやhimなどの目的格を使う。

10点アップ！

10分 ✓

1 次の英文を下線部を主語にした文に書きかえなさい。

❶ Many people visit Kyoto.

_____

❷ My mother wrote this book.

_____

点UP ❸ The picture was taken by Yui.

_____

2 次の日本文に合うように，（　）内の語（句）を並べかえて書きなさい。
ただし，文頭にくる語も小文字で示されています。

❶ この手紙はジムによって書かれました。

（ was / by / letter / this / written ）Jim.

_____ Jim.

❷ これらの机は生徒たちによって運ばれました。

（ the students / these desks / by / carried / were ）.

_____ .

❸ これらの腕時計は日本製です。

（ Japan / in / made / are / these watches ）.

_____ .

3 次のようなとき，英語でどのように言いますか。（　）内の語を使って英文を書きなさい。

❶ 相手にこの手紙はケイト（Kate）が書いたと伝えるとき。（ by ）

_____

❷ 相手に自分はよく兄に手伝ってもらっていると伝えるとき。（ often ）

_____

ヒント

1 ❶❷
「―は…を～する」を「…は―によって～される」という文に書きかえる。

❸
受け身の文をふつうの文にする。

2 ❶
受け身の文は〈be動詞＋過去分詞〉で表す。

❷
「運ぶ」動作をする人は，by ～で表す。

❸
「これらの腕時計は日本で作られています。」と考える。

3 ❶
「この手紙はケイトによって書かれました。」という受け身の文にする。

❷
often（よく）はbe動詞のあとに置く。

5章

受け身の表現②

解答 別冊 p.16
さくっとマルつけ
B-20

☑ 基本をチェック

2-20

10分

⚠️注意
「～によって」と動作をする人を表すby ～ は, 必要がなければ省略される。

①▶否定文

[ふつうの文] The bird is seen in Japan.
〈be動詞＋過去分詞〉
(その鳥は日本で見られます。)

[否定文] The bird is **not**[**isn't**] seen in Japan.
〈be動詞＋not＋過去分詞〉
(その鳥は日本では見られません。)

> be動詞のあとにnotを置く。

☑ The song ❶_____ ❷_____ ❸_____ young people today. (その歌は今日, 若い人たちによって歌われません。)

sing（～を歌う）の過去分詞はsung。

②▶疑問文

[ふつうの文] The movie is loved by many people.
主語 〈be動詞＋過去分詞〉
(その映画は多くの人に愛されています。)

[疑問文] Is the movie loved by many people?
be動詞 主語 過去分詞
(その映画は多くの人に愛されていますか。)

[答え方] Yes, it is. (はい, 愛されています。)
No, it is not[isn't]. (いいえ, 愛されていません。)

[疑問詞を使った疑問文] When was your house built?
疑問詞 be動詞 主語 過去分詞
(あなたの家はいつ建てられましたか。)

過去の受け身の文では, be動詞を過去形にする。

[答え方] It was built last year. (それは昨年建てられました。)

> be動詞を主語の前に出し, 〈be動詞＋主語＋過去分詞～?〉の形でたずねる。

> Yes / Noで答える。答える文にもbe動詞を使う。

> 疑問詞で始まる疑問文は, あとに受け身の疑問文を続ける。答えるときは, 受け身の形を使って具体的な内容を答える。

☑ ❹_____ this desk ❺_____ by him?
(この机は彼によって作られましたか。)

❻_____ ❼_____ the key ❽_____ ?
(そのかぎはどこで見つけられましたか。)

過去分詞形
■make（～を作る）
⇒made
■find（～を見つける）
⇒found

10点アップ！

10分

1 それぞれの指示に従って，次の英文を書きかえなさい。

The festival is held ①in City Park ②in July.

❶ 下線部①をたずねる疑問文に。

_____

❷ 下線部②をたずねる疑問文に。

_____

ヒント

1 ❶
場所をたずねる受け身の疑問文になる。

❷
時をたずねる受け身の疑問文になる。

2 次の日本文に合うように，（　）内の語（句）を並べかえて書きなさい。ただし，文頭にくる語も小文字で示されています。

点UP ❶ 彼らは夕食に招待されていません。

(to dinner / not / are / invited / they).

_____ .

点UP ❷ その自転車は日本で作られましたか。

(the bike / Japan / in / was / made)?

_____ ?

❸ その動物はどこでつかまえられましたか。

(the animal / caught / was / where)?

_____ ?

2 ❶
受け身の否定文。not はbe動詞のあとに置く。

❷
受け身の疑問文は〈be動詞＋主語＋過去分詞～?〉で表す。

❸
疑問詞で始まる疑問文。あとに受け身の疑問文の形を続ける。

3 次のようなとき，英語でどのように言いますか。（　）内の語を使って英文を書きなさい。

❶ 相手にこの本は多くの子どもたちには読まれていないと伝えるとき。(by)

_____

❷ 相手の国では英語が使われているかとたずねるとき。(used)

_____

3 ❶
受け身の否定文。by を使って「多くの子どもたちに（よって）」を表す。

❷
「あなたの国では英語が使われていますか。」という文になる。

5章

45

重要英文のまとめ

1章

❶ 一般動詞の過去形

☐ ① I studied math last night.   私は昨夜，数学を勉強しました。

☐ ② She didn't read the book.   彼女はその本を読みませんでした。

❷ be動詞の過去形・過去進行形

☐ ① They were very kind.   彼らはとても親切でした。

☐ ② The movie wasn't interesting.   その映画はおもしろくありませんでした。

☐ ③ Why were you late?   あなたはどうして遅れたのですか。

☐ ④ He was reading a book.   彼は本を読んでいました。

☐ ⑤ They weren't eating[having] lunch.   彼らは昼食を食べていませんでした。

☐ ⑥ Was Paul using this computer?   ポールはこのコンピューターを使っていましたか。

❸ 未来の表現①（be going to ～）

☐ ① I am going to visit Nara next week.   私は来週，奈良を訪れるつもりです。

☐ ② We are not going to join the party.   私たちはそのパーティーに参加するつもりはありません。

☐ ③ Are you going to play baseball?   あなたは野球をするつもりですか。

❹ 未来の表現②（will）

☐ ① I will go shopping tomorrow.   私は明日，買い物に行くつもりです。

☐ ② I won't watch TV tonight.   私は今夜，テレビを見るつもりはありません。

☐ ③ Will he write a letter?   彼は手紙を書くでしょうか。

☐ ④ When will they come?   彼らはいつ来るでしょうか。

2章

❺ 文の構造

☐ ① I study English every day.   私は毎日，英語を勉強します。

☐ ② He looks happy.   彼は幸せそうに見えます。

☐ ③ My father bought me a bike.   父は私に自転車を買ってくれました。

☐ ④ She named her dog Koro.   彼女は自分のイヌをコロと名づけました。

❻ 不定詞①（名詞的用法）

☐ ① Toshi hopes to visit London.   トシはロンドンを訪れることを望んでいます。

☐ ② He likes to read books.   彼は本を読むのが好きです。

☐ ③ To read books is important.   本を読むのは大切です。

☐ ④ His job is to save people.   彼の仕事は人々を救出することです。

❼ 不定詞②（副詞的用法）

☐ ① He rode his bike to go to the station.   彼は駅へ行くために，自分の自転車に乗りました。

☐ ② Why did he go to the mountain? —To watch birds.   彼はなぜ山へ行ったのですか。鳥を見るためです。

☐ ③ She got angry to hear his words.   彼女は彼の言葉を聞いて怒りだしました。

❽ 不定詞③（形容詞的用法／不定詞のまとめ）

☐ ① Ann has no time to watch TV.   アンにはテレビを見る時間がありません。

☐ ② Do you have anything to tell Tom?   何かトムに伝えるべきことはありますか。

☐ ③ To dance is fun.   ダンスをするのは楽しいです。

☐ ④ Come here to help me.   私を手伝いにここに来て。

3章

❾ 助動詞①（may, must）

☐ ① It may rain tomorrow.   明日は雨が降るかもしれません。

☐ ② I must help them.   私は彼らを手伝わなければなりません。

❿ 助動詞②（should, be able to, have to）

☐ ① You should bring a cap.   あなたは帽子を持ってくるべきです。

☐ ② We are able to use this room.   私たちはこの部屋を使うことができます。

☐ ③ Does Kota have to study now?   コウタは今，勉強しなければなりませんか。

⑪ 接続詞 (when, if, because, that)

- ☐ ① When John was twelve, he came to Japan. ジョンは12歳のときに日本へ来ました。
- ☐ ② Eat this apple if you're hungry. もしおなかがすいているなら, このりんごを食べなさい。
- ☐ ③ I can't help you because I'm busy. 私は忙しいのであなたを手伝えません。
- ☐ ④ Do you think that the movie is interesting? その映画はおもしろいと思いますか。

4章

⑫ There is[are] ～.の文

- ☐ ① There is a picture on the wall. かべに1枚の絵があります。
- ☐ ② There're not any dogs in the park. 公園にはイヌは1匹もいません。
- ☐ ③ Is there a knife in the kitchen? 台所に包丁がありますか。

⑬ 動名詞

- ☐ ① His job is taking pictures. 彼の仕事は写真をとることです。
- ☐ ② Jim is good at playing the piano. ジムはピアノを弾くのが得意です。
- ☐ ③ Did you finish eating[having] breakfast? あなたは朝食を食べ終えましたか。

⑭ 会話表現①

- ☐ ① Shall I bring any books? 本を何冊か持ってきましょうか。
- ☐ ② Could you say that again? それをもう一度言ってくださいませんか。
- ☐ ③ May I speak to John? （電話で）ジョンをお願いします。

⑮ 会話表現②

- ☐ ① Take Bus No. 7, please. 7番のバスに乗ってください。
- ☐ ② How long does it take? どれくらい時間がかかりますか。
- ☐ ③ May I help you? いらっしゃいませ。
- ☐ ④ Can I try this on? これを試着してもよいですか。
- ☐ ⑤ How much is it? おいくらですか。

5章

⑯ 比較の表現①

- ☐ ① This room is bigger[larger] than mine. この部屋は私のものよりも大きいです。
- ☐ ② Sam is younger than my brother. サムは私の兄[弟]よりも若い。
- ☐ ③ This bag is the heaviest of the three. このかばんは3つの中でいちばん重い。

⑰ 比較の表現②

- ☐ ① This song is the most famous of the ten. この歌は10曲の中でいちばん有名です。
- ☐ ② Which is older, this dog or that one? このイヌとあのイヌでは,どちらがより年を取っていますか。
- ☐ ③ Which pencil is the longest of the five? 5本の中で, どの鉛筆がいちばん長いですか。

⑱ 比較の表現③

- ☐ ① Lisa studied as hard as Emi. リサはエミと同じくらい熱心に勉強しました。
- ☐ ② Bill likes math better than science. ビルは理科よりも数学のほうが好きです。

⑲ 受け身の表現①

- ☐ ① Many flowers are seen in the garden. その庭では多くの花が見られます。
- ☐ ② The window was broken by Jim. その窓はジムによって割られました。

⑳ 受け身の表現②

- ☐ ① The song isn't sung by young people today. その歌は今日, 若い人たちによって歌われません。
- ☐ ② Was this desk made by him? この机は彼によって作られましたか。
- ☐ ③ Where was the key found? そのかぎはどこで見つけられましたか。

□ 執筆協力　木村由香

□ 編集協力　㈱カルチャー・プロ　阿久津菜花　坂東啓子

□ 本文デザイン　細山田デザイン事務所（細山田光宣　南彩乃　室田潤）

□ 本文イラスト　ユア

□ DTP　　㈱明友社

□ 音声収録　一般財団法人 英語教育協議会 (ELEC)

シグマベスト
定期テスト
超直前でも平均＋10点ワーク
中２英語

本書の内容を無断で複写（コピー）・複製・転載することを禁じます。また，私的使用であっても，第三者に依頼して電子的に複製すること（スキャンやデジタル化等）は，著作権法上，認められていません。

編　者　文英堂編集部

発行者　益井英郎

印刷所　株式会社加藤文明社

発行所　株式会社文英堂

〒601-8121　京都市南区上鳥羽大物町28
〒162-0832　東京都新宿区岩戸町17
（代表）03-3269-4231

BEST シグマベスト

定期テスト超直前でも
平均+10点 ワーク

【解答と解説】

中2
英語

文英堂

1章

❶ 一般動詞の過去形

✔ 基本をチェック

❶ studied   ❷ last
❸ didn't   ❹ read

10点アップ！

❶-❶ Did Yumi go to the library yesterday?
  ❷ Yes, she did.
  ❸ When did Yumi go to the library?
❷-❶ I did not[didn't] have breakfast this morning.
  ❷ 私は今朝，朝食を食べませんでした。
  ❸ Mr. White did not[didn't] have breakfast this morning.
❸-❶ I got up at seven this morning.
  ❷ Did you clean your room yesterday?

📖 解説

❶-❶ 疑問文は〈Did＋主語＋動詞の原形〜?〉の語順にする。wentはgoの過去形。
  ❷ Did 〜?の疑問文には，〈Yes, 主語＋did.〉か〈No, 主語＋did not[didn't].〉で答える。
  ❸ 時をたずねる疑問文にするので，疑問詞Whenで始める。疑問詞のあとは一般動詞の過去の疑問文の語順にする。

⚠ ミス注意！

過去のふつうの文を否定文や疑問文にするときは，動詞を原形にすること。

日本語訳

❶「ユミは昨日，図書館へ行きましたか。」
❷「はい，行きました。」
❸「ユミはいつ図書館へ行きましたか。」

❷-❶ hadはhaveの過去形。過去の否定文は〈主語＋did not[didn't]＋動詞の原形〜.〉で表す。
  ❷ 過去の否定文なので，「〜しませんでした」となる。have＝「食べる」
  ❸ 主語が3人称単数になるが，〈did not[didn't]＋動詞の原形〉は変わらない。

日本語訳

❸「ホワイト先生[さん]は今朝，朝食を食べませんでした。」

❸-❶「私は今朝，7時に起きました。」という文にする。「起きました」＝got up，「今朝」＝this morning。This morningを文頭にしてもよい。
  ❷「あなたは昨日，あなたの部屋を掃除しましたか。」という文になる。過去の疑問文は〈Did＋主語＋動詞の原形〜?〉の語順にする。

❷ be動詞の過去形・過去進行形

✔ 基本をチェック

❶ were   ❷ wasn't
❸ were   ❹ was
❺ reading   ❻ weren't
❼ eating[having]
❽ Was   ❾ using

10点アップ！

❶-❶ I was not[wasn't] hungry at that time.
  ❷ Was Tom looking for his pen?

❸Where were they playing basketball?

❷-❶(Jim) **and I were not classmates**(.)

❷**How was the weather last** (Thursday?)

❸**They were not eating lunch**(.)

❸-❶**I was busy last week.**

❷**Was it raining at five** (o'clock?)

📖 解説 -

❶-❶be動詞の過去の文を否定文にするので、be動詞のあとにnotを置く。

❷過去進行形の文を疑問文にするので、be動詞を主語の前に出す。

❸場所をたずねるので、Whereで始める。そのあとに過去進行形の疑問文を続ける。

⚠️ ミス注意！
過去進行形の否定文と疑問文はbe動詞の文と同じようにして作る。動詞は-ing形のまま。

日本語訳
❶「私はそのとき、おなかがすいていませんでした。」
❷「トムは彼のペンを探していましたか。」
❸「彼らはどこでバスケットボールをしていましたか。」

❷-❶Jim and Iが主語になる。「～ではありませんでした」というbe動詞の過去の否定文なので、そのあとにwere notを続ける。

❷「～はどうでしたか」とたずねるので、疑問詞Howで始める。そのあとにbe動詞の疑問文を続ける。

❸過去進行形の否定文なので、be動詞のあとにnotを置く。

❸-❶「私は先週、忙しかったです。」という文になる。形容詞のbusyを使うので、〈主語＋be動詞＋busy〉の形にする。

❷「5時に雨が降っていましたか。」という過去進行形の疑問文になる。天気を表す文なのでitが主語になる。

❸ **未来の表現①**
（be going to ～）

✔️ 基本をチェック

❶am   ❷going
❸are   ❹not
❺Are   ❻going

10点アップ！🔼

❶-❶**We are not [aren't] going to leave home at ten.**

❷**Is Kumi going to go to the museum next Saturday?**

❸**When are they going to arrive?**

❷-❶**He is going to travel around** (the world.)

❷**When are the soccer players going to arrive** (at the stadium?)

❸**I'm not going to play tennis** (tomorrow.)

❸-❶**What are you going to do tomorrow?**

❷**I am [I'm] going to clean my room tomorrow.**

📖 解説 -

❶-❶be going to ～の文を否定文にするので、be動詞のあとにnotを置く。

❷be going to ～の文を疑問文にするので、be動詞を主語の前に出す。

❸時をたずねるので、Whenで始める。そのあとにbe going to ～の疑問文を続ける。

ミス注意！

be going toのあとの動詞は，必ず原形にする。

日本語訳

❶「私たちは10時に家を出るつもりはありません。」

❷「クミは次の土曜日に美術館に行くつもりですか。」

❸「彼らはいつ到着する予定ですか。」

❷-❶未来の文でgoingとtoがあるので，〈主語＋be動詞＋going to＋動詞の原形〜.〉の語順にする。

❷「いつ」とたずねるので，疑問詞Whenで始める。そのあとは〈**be動詞＋主語＋going to＋動詞の原形〜?**〉の語順にする。

❸be going to 〜の否定文は，**be動詞のあとにnot**を置いて表す。

❸-❶「あなたは明日，何をするつもりですか。」という文になる。「何を」とたずねるので，Whatで始めてそのあとにbe going to 〜の疑問文を続ける。

❷「私は明日，私の部屋を掃除する予定です。」という文になる。goingを使うので，〈be going to＋動詞の原形〜〉の形にする。

❹未来の表現②（will）

✔ 基本をチェック

❶ will　　　　❷ go
❸ won't　　　❹ watch
❺ Will　　　　❻ write
❼ will　　　　❽ come

10点アップ！

❶-❶ Will Emma study math tonight?

❷ No, she won't.

❸ What will Emma do tonight?

❷-❶ It will not [won't] be sunny tomorrow.

❷ 明日は晴れないでしょう。

❸ It is not [It's not / It isn't] going to be sunny tomorrow.

❸-❶ I will go to the library.

❷ I won't go shopping tomorrow.

解説 -

❶-❶ willを主語の前に出す。

❷ willの疑問文には，〈**Yes, 主語＋will.**〉か〈**No, 主語＋will not [won't].**〉で答える。3語で答えるので，短縮形のwon'tを使う。

❸「何をするつもりですか。」とたずねるので，疑問詞Whatで始める。**疑問詞のあとはwillの疑問文の語順。**

日本語訳

❶「エマは今夜，数学を勉強するでしょうか。」

❷「いいえ，しないでしょう。」

❸「エマは今夜，何をするつもりですか。」

❷-❶ willの否定文は〈**主語＋will not [won't]＋動詞の原形〜.**〉の形で表す。

❷「〜しないでしょう」という意味になる。sunnyは「晴れた」という意味の形容詞。

ミス注意！

助動詞willのあとの動詞は原形にする。

❸-❶「私は図書館へ行くつもりです。」という文になる。willを使うので，〈主語＋will＋動詞の原形〜.〉の形にする。

❷「私は明日，買い物に行くつもりはありません。」という文になる。won'tはwill notの短縮形。

2章

❷「私は(私の)ネコをミケと名づけました。」という文になる。「AをBと名づける」＝〈name＋A＋B〉

❺ 文の構造

✔ 基本をチェック

❶ study　　❷ English
❸ looks　　❹ bought
❺ me　　　❻ named
❼ dog

10点アップ！

1-❶ アキラは箱を作りました。
　❷ 兄[弟]が私たちに夕食を作りました。
　❸ その野球の試合は私たちを興奮させました。

2-❶ They named the baby Jane(.)
　❷ I'll send some apples to them(.)

3-❶ Lucy gave me a picture.
　　[Lucy gave a picture to me.]
　❷ I named my cat Mike.

📖 解説

1-❶ a boxはmadeの目的語。「〜を作った」という文になる。
　❷ usとdinnerがそれぞれmadeの目的語になる。「〜に…を作った」という文になる。
　❸ madeのあとのusとexcitedが、それぞれ目的語と補語になっている文。「〜を…（の状態）にした」という意味になる。

2-❶「AをBと名づける」＝〈name＋A＋B〉
　❷「〜に…を送る」という文でtoがあるので、〈send＋もの＋to＋人〉の形にする。

3-❶「ルーシーが私に写真をくれました。」という文にする。〈gave＋人＋もの〉か〈gave＋もの＋to＋人〉の語順にする。

❻ 不定詞①（名詞的用法）

✔ 基本をチェック

❶ to　　❷ visit
❸ to　　❹ read
❺ To　　❻ read
❼ is　　❽ to

10点アップ！

1-❶ Does she like to take pictures?
　❷ What does he need to do?

2-❶ 彼女(かのじょ)は本を読み始めました。
　❷ 世界を見ることは若い人にとって重要です。
　❸ 私たちは夕食を作ろうとしました。
　❹ ピアノを弾(ひ)くことは、彼(かれ)にとって簡単ではありませんでした。
　❺ あなたは将来、何になりたいですか。

3-❶ My dream is to become a singer.
　❷ What do you want to do?

📖 解説

1-❶ 主語が3人称(にんしょう)単数の一般(いっぱん)動詞を使った文なので、Does〜?の形にする。
　❷ 疑問詞のWhatで始め、あとに一般動詞の疑問文の形を続ける。

日本語訳

❶「彼女は写真をとることが好きですか。」
❷「彼は何をすることが必要ですか。」

2・❶ to read a book が started の目的語になっている。
❷ To see the world が主語になる。
❸ to cook dinner が tried の目的語になっている。
❹「ピアノを弾くこと」が主語になる。
❺ be は be動詞の原形で、「〜になる」という意味。**want to 〜**＝「〜したい」

3・❶「私の夢は歌手になることです。」という文になる。「歌手になること」を不定詞を使って表し、補語にする。
❷「あなたは何をしたいですか。」という文になる。「〜したい」＝ want to 〜

⚠ ミス注意！
名詞的用法の不定詞は、文の主語や補語、目的語になる。to のあとは必ず動詞の原形。

❼ 不定詞②（副詞的用法）

✔ 基本をチェック
❶ to ❷ go
❸ Why ❹ To
❺ to ❻ hear

10点アップ！
1・❶ He was sorry to see the picture(.)
❷ To teach English, Ms. Brown came to (our school.)
2・❶ その少女は教師になるためにいっしょうけんめい勉強します。
❷ 写真をとるために、父はその公園を訪れました。

❸ 私は友達と話をしてうれしかったです。
❹ あなた（たち）は沖縄（おきなわ）のあちこちを旅行してわくわくしましたか。
3・❶ I am[I'm] glad to help you.
❷ I will go to Canada to study English.

📖 解説

1・❶「気の毒に思う」という意味の形容詞 sorry のあとに不定詞を続ける。

⚠ ミス注意！
感情の原因を表す不定詞は、その感情を表す形容詞のあとに置く。

❷「…するために〜しました」という文なので、目的を表す不定詞を使う。語群の中にコンマがあるので、〈to＋動詞の原形〜〉の部分を文の前に置く。
2・❶ この文の to be は動作の目的を表す不定詞。「教師になるために〜」となる。
❷ この文の To take は動作の目的を表す不定詞。「写真をとるために〜」となる。
❸〈happy to＋動詞の原形〉で「〜してうれしい」。
❹〈excited to＋動詞の原形〉で「〜してわくわくする」。
3・❶「私はあなたを手伝えてうれしい。」という文になる。「〜してうれしい」は〈be動詞＋glad to＋動詞の原形〉で表す。
❷「私は英語を勉強するためにカナダへ行くつもりです。」という文になる。I will go to Canada のあとに、目的を表す to study English を続ける。

06

❽ 不定詞③
(形容詞的用法／不定詞のまとめ)

✔ 基本をチェック

❶ to
❷ watch
❸ anything
❹ to
❺ To
❻ dance
❼ to
❽ help

10点アップ！

■❶彼は電車で読むための本を買いました。

❷あなたは英語を学ぶよい方法を知っていますか。

②❶ウ ❷エ ❸ア ❹イ

③❶ I want something to eat.

❷ I have a lot of homework to do.

📖 解説 ------------------

■❶a book to readで「読むための本」という意味になる。

❷a good way to learnで「学ぶよい方法」という意味になる。

②❶to visitは名詞的用法なのでウが適切。

❷to readの前にhappyがあるので、この不定詞は感情の原因を表す副詞的用法である。よってエが適切。

❸to doは形容詞的用法で前のnothingを修飾している。アが適切。

❹to sendは目的を表す副詞的用法で、「送るために」という意味。イが適切。

日本語訳

❶「ビルはいつか北海道を訪れたいと思っています。」

❷「私はその手紙を読んでうれしかったです。」

❸「私はこの前の日曜日に何もすることがありませんでした。」

❹「彼女はEメールを送るためにそのコンピューターを使いました。」

ア「エマはその店で飲み物を買いました。」

イ「コウタはアレックスに会うためにロンドンへ行きました。」

ウ「私はジェーンに英語で話しかけようとしました。」

エ「彼らはそのニュースを聞いて興奮しました。」

③❶「私は何か食べる物がほしいです。」という文になる。somethingのあとに不定詞to eatを続けて、「何か食べる物」を表す。

❷「私はするべき宿題がたくさんあります。」という文になる。homeworkのあとに不定詞to doを続けて「するべき宿題」を表す。

⚠ ミス注意！

「〜するための…」「〜するべき…」という形容詞的用法の不定詞は名詞[代名詞]のあと。

3章

freeは「ひまな」という意味の形容詞で、be動詞のあとに続ける。

3-**❶** 「私は今日，英語を勉強しなければなりません。」という文になる。mustのあとは「勉強する」のstudyを原形で使う。

❷ 「窓を開けてもよいですか。」という文になる。**may**を使った許可を求める文は〈**May I**＋動詞の原形〜**?**〉の形になる。

> ⚠ ミス注意！
>
> mayは推量や許可を表す。mustはふつうの文では義務，否定文では禁止を表す。

❾ 助動詞①
（may, must）

✔ 基本をチェック

❶ may　　　　❷ rain
❸ I　　　　　❹ must

10点アップ！

1-**❶** このケーキを食べてもよいですか。
❷ ここに来てはいけません。
❸ 彼はすぐに帰宅しなければなりません。
❹ 私は今日，この仕事を終えなければなりませんか。

2-**❶** We must not speak Japanese (in this class.)
❷ Mike may not be free (today.)

3-**❶** I must study English today.
❷ May I open the window?

📖 解説

1-**❶** May I 〜？＝「〜してもよいですか。」
❷ You must not 〜.＝「〜してはいけません。」
❸ 〈**must**＋動詞の原形〉は「〜しなければならない」という義務を表す。go home＝「帰宅する」
❹ Must I 〜？＝「私は〜しなければなりませんか。」

2-**❶** 「〜してはいけません」という禁止を表す文なので，〈主語＋**must not**＋動詞の原形〜.〉の語順にする。
❷ 「〜ではないかもしれません」という文なので，〈主語＋**may not**＋動詞の原形〜.〉の語順にする。beはbe動詞の原形。

❿ 助動詞②
（should, be able to, have to）

✔ 基本をチェック

❶ should　　　❷ bring
❸ are　　　　　❹ able
❺ Does　　　　❻ have

10点アップ！

1-**❶** あなたは早く寝るべきです。
❷ 彼はギターを弾けるようになるでしょう。
❸ 彼女は（自分の）イヌの世話をしなければなりません。
❹ あなたは急ぐ必要はありません。

2-**❶** She is able to sing (well.)
❷ I have to wait for (them.)

3-**❶** You should read many books.
❷ I have to make[cook] lunch.

📖 解説

1-**❶** should 〜＝「〜するべきだ」
❷ willのあとにbe able toが続くので，「〜できるようになるでしょう」と未来の可能を表す。
❸ has to 〜＝「〜しなければならない」

take care of 〜＝「〜の世話をする」

❹ don't have to 〜＝「〜する必要はない」

⚠️ ミス注意！
have to 〜はふつうの文や疑問文では mustと同じ義務を表すが, 否定文では「〜する必要はない」という意味になる。

❷-❶ be動詞isのあとにable toとsingを続ける。

❷「〜しなければなりません」という文なので, 主語のあとにhave toを続ける。**have toのあとは動詞の原形。**「〜を待つ」＝wait for 〜

❸-❶「あなたはたくさんの本を読むべきです。」という文になる。「〜するべき」は**shouldを使って表す。**

❷「私は昼食を作らなければなりません。」という文になる。haveを使うので, 〈have to＋動詞の原形〉の形で表す。

⑪ 接続詞
（when, if, because, that）

✔ 基本をチェック

❶ When   ❷ if
❸ you're   ❹ because
❺ that

10点アップ！ 🔼

❶-**❶ I think that you should study hard.**

❷ I don't go to school because it's Sunday today.
[Because it's Sunday today, I don't go to school.]

❷-**❶ Aya was out when I visited** (her house.)

❷ If you have a question, please ask (me.)

❸ Do you know the girl is (Ken's sister?)

❸-**❶ Let's go shopping if it is [it's] sunny tomorrow. [If it is [it's] sunny tomorrow, let's go shopping.]**

❷ Do you know that Kumi is from Tokyo?

📖 解説 ------------------------------

❶-**❶** 2文目のsoが1文目の内容を指している。I thinkのあとに接続詞thatを置いて, そのあとに1文目を続ける。

❷ I don't go to schoolの理由がit's Sunday todayなので, because it's Sunday todayを文の前か後ろに置く。becauseを使うのでsoは不要。

日本語訳
❶「私は, あなたは熱心に勉強するべきだと思います。」
❷「今日は日曜日なので, 私は学校へ行きません。」

❷-**❶** 問題文では「彼女（かのじょ）は外出していました」とあるが, 答えの英文ではこの部分が前にくるので, She was outではなく Aya was outとする。「私がアヤの家を訪ねたとき」の部分は後ろにくるので, when I visited (her house)とする。

❷「質問がある」＝have a question

❸「その少女がケンの妹だということ」を〈主語＋動詞〜〉の形で表し, knowの目的語とする。接続詞thatは省略されている。

❸-**❶**「もし明日晴れたら, 買い物に行きましょう。」という文になる。if 〜の部分は文の前に置いても後ろに置いてもよい。前に置く場合は, コンマを使って区切る

ことに注意する。

> ⚠️ ミス注意!
>
> if 〜の部分の動詞は，未来のことを表す場合でも現在形にする。
>
> ○ if it is sunny tomorrow
> × if it will be sunny tomorrow

❷「あなたはクミが東京出身だということを知っていますか。」という文になるので，Do you know 〜?の形にする。「クミが東京出身だということ」を〈that＋主語＋動詞〜〉の形で表し，knowの目的語にする。

4章

⑫ There is[are] 〜 . の文

> ✔ 基本をチェック
>
> ❶ There ❷ is
> ❸ not ❹ any
> ❺ Is ❻ there

> 10点アップ! ↗

1-❶ There are not[There're not / There aren't] any balls in the box.
  ❷ その箱の中にはボールが1個もありません。

2-❶ Is there a rabbit in the garden?
  ❷ No, there isn't[there's not].
  ❸ There are[There're] five rabbits in the garden.
  ❹ How many rabbits are there in the garden?

3-❶ There is a stadium in my city.
  ❷ How many books are there in this library?

> 📖 解説 --------------------------

1-❶ There are 〜 .を否定文にするので，be動詞areのあとにnotを置く。また**否定文ではsomeをanyに変える**。
  ❷ **not any 〜=「1つの〜もない」**

> ⚠️ ミス注意!
>
> someは主にふつうの文で使い，否定文や疑問文ではanyを使う。

2-❶ be動詞をthereの前に出す。
  ❷ Is there 〜?の疑問文には，thereとis

を使って答える。3語なので短縮形を使う。

❸複数になるので，be動詞をareにして名詞のrabbitを複数形にする。

❹数をたずねる疑問文なので，〈How many＋名詞の複数形＋are there ～?〉の形にする。

日本語訳
❶「庭にウサギはいますか。」
❷「いいえ，いません。」
❸「庭に5匹のウサギがいます。」
❹「庭には何匹のウサギがいますか。」

❸❶「私の市にはスタジアムが1つあります。」という文になる。名詞は単数になるので，There is ～.とする。

❷「この図書館には何冊の本がありますか。」という文になる。数をたずねる疑問文なので，〈How many＋名詞の複数形＋are there ～?〉の形にする。

解説

❶❶不定詞のto rainを動名詞に書きかえる。
❷動名詞のsingingを不定詞に書きかえる。

日本語訳
❶「すぐに雨が降り始めるでしょう。」
❷「あなたは歌を歌うのが好きですか。」

❷❶動名詞のreadingをstoppedの目的語にする。
❷動名詞のtakingをenjoysの目的語にする。
❸「～してくれてありがとう」は，thank you for ～ingで表す。
❸❶「私は宿題をし終えました。」という文になる。「～し終える」＝finish ～ing
❷「私を手伝ってくれてありがとう。」という文になる。「～してくれてありがとう」＝ **thank you for ～ing**

⚠ **ミス注意!**
前置詞の目的語になるのは動名詞。thank you for to ～とはならない。

⑬動名詞

✔ **基本をチェック**
❶ taking ❷ at
❸ playing ❹ finish
❺ eating [having]

10点アップ!
❶❶ raining ❷ to sing
❷❶ She stopped reading a book(.)
❷ He enjoys taking a walk in (the park.)
❸ Thank you for inviting me (to the party.)
❸❶ I finished doing my homework.
❷ Thank you for helping me.

⑭会話表現①

✔ **基本をチェック**
❶ Shall ❷ I
❸ you ❹ May
❺ speak

10点アップ!
❶❶ (私が)窓を閉めましょうか。
❷その本を私に買ってくれませんか。
❸明日，(いっしょに)そのパーティーに参加しましょうか。
❹私の家に来てくださいませんか。
❷❶ Shall we practice tennis(?)

❷ **Could you say that again**(?)

❸ **Will you give him a message**
   (, please?)

❸-❶ **Shall we go shopping?**

❷ **Could you close the window?**

📖 **解説**

■-❶ Shall I ～?＝「(私が)～しましょうか。」

❷ Will you ～?＝「～してくれませんか。」

❸ Shall we ～?＝「(いっしょに)～しま
   しょうか。」

❹ Could you ～?＝「～してくださいま
   せんか。」

⚠ **ミス注意！**
Shallのあとの主語に注意。Iなら「(私が)
～しましょうか」，weなら「(いっしょに)
～しましょうか」となる。

❷-❶「(いっしょに)～しましょうか。」と相手
   を誘うときは，〈**Shall we＋動詞の原
   形**～**?**〉の形で表す。

❷相手にていねいに依頼するときは，
   Could[Would] you ～?で表す。

❸「(人)に伝言を伝える」は〈give＋人＋
   a message〉。

❸-❶「いっしょに買い物に行きましょう。」
   という文になる。shallを使うので，
   〈Shall we＋動詞の原形～?〉の形にす
   る。

❷「窓を閉めてくださいませんか。」という
   文になる。couldを使うので，〈Could
   you＋動詞の原形～?〉の形にする。

⑮ **会話表現②**

✔ **基本をチェック**

❶ Take   ❷ How

❸ long   ❹ help

❺ you   ❻ try

❼ on   ❽ How

❾ much

10点アップ！

■-❶ 4番目の駅で降りてください。

❷ 次の駅で電車を乗りかえてください。

❸ どれくらい時間がかかりますか。

❹ 私は帽子を探しています。

❷-❶ **How about this blue jacket**(?)

❷ **May I try it on**(?)

❸ **Could you tell me the way** (to
   the library?)

❸-❶ **Which bus goes to the
   museum?**

❷ **How much is it?**

📖 **解説**

■-❶ get off＝「(電車などを)降りる」

❷ change trains＝「電車を乗りかえる」

❸ How long ～?＝「どれくらい長い時
   間～ですか。」

❹ look for ～＝「～を探す」。現在進行形
   の文。

❷-❶「～はいかがですか」と提案するときは，
   How about ～?と表す。

❷「～してもよいですか」はMay[Can]
   I ～?で表す。「試着する」はtry onだが，
   目的語が代名詞のときは，〈try＋代名詞
   ＋on〉の語順になる。

❸「～してくださいませんか」というてい
   ねいな依頼はCould[Would] you
   ～?で表す。「(人)に(もの)を教える」は
   〈tell＋人＋もの〉の語順。

3-**①**「どのバスが博物館へ行きますか。」という文になる。「どの〜が…へ行きますか。」= Which 〜 goes to …?

⚠ ミス注意！

「どの〜が…へ行きますか。」という文では，〈Which＋名詞〉が主語。動詞はgoesになる。

②「それはいくらですか。」という文になる。商品の値段をたずねるときは，How much 〜?と表す。

5章

⓰比較の表現①

✔ 基本をチェック

❶ bigger [larger]　**❷** younger
❸ than　　　　　　**❹** heaviest
❺ of

10点アップ！

❶-**❶** shorter　　**❷** hotter
　　　❸ hardest　　**❹** biggest
❷-**❶** My dog is much smaller than yours(.)
　　　❷ My father gets up earliest in (my family.)
　　　❸ She swims the fastest of (the six.)
❸-**❶** Bill is older than my brother.
　　　❷ I am[I'm] the tallest in my class.

📖 解説 -

❶-**❶** shortの比較級はshorter。
　　　❷ hotの比較級はhotter。
　　　❸ 空所の前にtheがあり，あとにin 〜が続くので，最上級hardestにする。
　　　❹ bigの最上級はbiggest。

日本語訳

❶「私はアンよりも背が低いです。」
❷「今日は昨日よりも暑いです。」
❸「彼女はクラスの中でいちばん熱心に勉強します。」
❹「このりんごは5つの中でいちばん大きいです。」

2-**①**「ずっと小さい」と比較の程度を強める。比較級**smaller**の前に**much**を置く。

② earliestはgets upのあとに置く。「家族の中で」＝in my family

③ the fastestはswimsのあとに置く。「6人の中で」＝of the six

> ⚠ **ミス注意！**
>
> 「〜の中で」を表すとき，場所・範囲を表す語（句）の前にはinを，複数を表す語（句）の前にはofを付ける。

3-**①**「ビルは私の兄より年上です。」という文にする。年齢が上であることはoldの比較級older で表す。

②「私はクラスでいちばん背が高いです。」という文になる。tallの最上級はtallest。

---

❼ 比較の表現②

☑ 基本をチェック

① most 　　　　　**②** famous
③ of 　　　　　　**④** Which
⑤ older 　　　　　**⑥** Which
⑦ longest

10点アップ！ ↗

1-**①** この本は10冊の中でいちばんおもしろいです。

② この問題はあの問題より難しいです。

2-**①** He eats more quickly than Hiro(.)

② This camera is the most expensive of (the three.)

③ Which is more popular, tennis or (baseball?)

④ Who gets home the earliest in (your family?)

3-**①** Who is older, Paul or Jim[Jim or Paul]?

② Who can swim (the) fastest in your class?

📖 **解説** -

1-**①** the most interestingは「いちばんおもしろい」という意味の最上級の表現。

② more difficultは「より難しい」という意味の比較級の表現。oneは前に出た名詞を指す代名詞で，ここではquestionを指す。

2-**①**「…よりもすばやく〜する」は副詞quicklyの比較級を使って表す。動詞eatsのあとにmore quicklyを置き，そのあとにthan …を続ける。

②「〜はいちばん高価です」という最上級の文。the most expensiveを使って表す。

③「どちらがより〜ですか」とたずねるので，〈Which is＋比較級，A or B?〉の形にする。

④「だれが〜しますか」とたずねる，疑問詞が主語の文なので，〈**Who**＋**動詞**〜**?**〉の形にする。earliestはearlyの最上級で，「いちばん早く〜」という意味。theを付けてgets homeのあとに置く。

3-**①**「ポールとジムではどちらが年上ですか。」という文になる。〈Who is＋比較級，A or B?〉の形にする。

②「あなたのクラスではだれがいちばん速く泳げますか。」という文になる。疑問詞のWhoが主語なので，そのあとに〈助動詞＋動詞の原形〉を続ける。副詞fastの最上級はfastest。

> ⚠ **ミス注意！**
>
> AとBの2つのものを比較するとき，英語ではA or Bを文の後ろに置く。直前にコンマを置くことを忘れずに。

⑱比較の表現③

✔基本をチェック

❶ **as** ❷ **as**
❸ **better** ❹ **than**

10点アップ！

1 ❶ **健康ほど重要なものはありません。**
❷ **彼女(かのじょ)はお父さんほど早く家を出発しません。**
❸ **あなたはオレンジとりんごでは，どちらのほうが好きですか。**

2 ❶ **Is China as large as the U.S.**(?)
❷ **What kind of music does she like best**(?)

3 ❶ **I am[I'm] not as tall as Mike.**
❷ **Which color do you like (the) best?**

解説

1 ❶ **as ～ as ...**は「…と同じくらい～」という意味。主語がNothingなので「…ほど～なものはありません」という文になる。

ミス注意！
as ～ as ...の訳し方に注意！
・ふつうの文「…と同じくらい～」
・否定文　「…ほど～ではない」

❷ earlyは副詞。**not ～ as early as ...**で「…ほど早く～しません」という文になる。
❸ **Which ～ do you like better, A or B?**＝「AとBでは，どちらのほうが好きですか。」

2 ❶ 疑問文なので，〈be動詞＋主語～?〉の語順になる。疑問文でも〈as＋原級＋as ...〉の形は変わらない。
❷ 「どんな種類の～」＝**what kind of ～**

3 ❶ 「私はマイクほど背が高くありません。」という文になる。〈not as＋形容詞の原級＋as ...〉の形を使って表す。
❷ 「あなたはどの色がいちばん好きですか。」という文になる。「どの～がいちばん好きですか」と相手にたずねるときは，**Which ～ do you like (the) best?**の形で表す。

⑲受け身の表現①

✔基本をチェック

❶ **are** ❷ **seen**
❸ **was** ❹ **broken**

10点アップ！

1 ❶ **Kyoto is visited by many people.**
❷ **This book was written by my mother.**
❸ **Yui took the picture.**

2 ❶ **This letter was written by** (Jim.)
❷ **These desks were carried by the students**(.)
❸ **These watches are made in Japan**(.)

3 ❶ **This letter was written by Kate.**
❷ **I am[I'm] often helped by my brother.**

解説

1 ❶ visitを受け身のis visitedに変える。そのあとにbyを置き，もとの文の主語many peopleを続ける。
❷ 過去の文なので，受け身のbe動詞を過去形にして，was writtenと表す。

❸過去の文なので，動詞を過去形のtookにする。the pictureをtookの目的語にする。

日本語訳
❶「京都は多くの人によって訪ねられます。」
❷「この本は私の母によって書かれました。」
❸「ユイがその写真をとりました。」

2 ❶受け身は〈be動詞＋過去分詞〉で表す。
❷「…によって」と動作をする人を表すときは，過去分詞のあとに〈by＋人〉を続ける。
❸「～製」は「～で作られている」と考え，makeの過去分詞madeを使って受け身で表す。
3 ❶byを使うので，「この手紙はケイトによって書かれました。」という**受け身の文**にする。writeの過去分詞形はwritten。
❷頻度を表す副詞のoftenは，**be動詞の**あとに置く。

⑳受け身の表現②

✔ 基本をチェック

❶ isn't　　　　❷ sung
❸ by　　　　　❹ Was
❺ made　　　　❻ Where
❼ was　　　　　❽ found

10点アップ！

1 ❶ Where is the festival held in July?

❷ When is the festival held in City Park?
2 ❶ They are not invited to dinner(.)
❷ Was the bike made in Japan(?)
❸ Where was the animal caught(?)
3 ❶ This book is not[isn't] read by many[a lot of] children.
❷ Is English used in your country?

📖解説

1 ❶場所をたずねるのでWhereで始める。そのあとに受け身の疑問文を続ける。
❷時をたずねるのでWhenで始める。そのあとに受け身の疑問文を続ける。

日本語訳
❶「その祭りは7月にどこで開催(かいさい)されますか。」
❷「その祭りは市立公園でいつ開催されますか。」

2 ❶「～されていません」なので受け身の否定文。be動詞のあとにnotを置く。
❷受け身の疑問文は〈be動詞＋主語＋過去分詞～?〉で表す。
❸場所をたずねるのでWhereで始めて，あとに受け身の疑問文〈be動詞＋主語＋過去分詞～?〉を続ける。
3 ❶「この本は多くの子どもたちには読まれていません。」という文になる。受け身の否定文なので，be動詞のあとにnotを置く。
❷「あなたの国では英語が使われていますか。」という文になる。受け身の疑問文なので，〈**be動詞＋主語＋過去分詞～?**〉の形にする。